초 등 국 어

한자가
어휘력
이 **3**단계 다

무엇을 배워요 ?

어떤 한자를 배우나요?

기초 한자(8~6급 수준)를 특별히 고안된 선별 기준에 따라 분류하였습니다.
급수 순서가 아닌 아이가 쉽게 받아들일 수 있는 순서로 배치하였습니다.

1. 1~2단계에서 배운 한자의 합자나, 획순이 적고 쉬운 한자
2. 초등학교 3~4학년군의 교과서 어휘에 많은 한자
3. 초등학교 3~4학년 학습자의 일상과 밀접한 한자

어떤 어휘를 배우나요?

아이가 집이나 학교에서 한 번쯤은 들어 봤을 만한 단어로 시작합니다.
학습 어휘로 적절하여 단어의 어근만 제시된 경우도 있습니다.
이미 알고 있는 단어 속에 한자가 숨어 있음을 알고,
모르고 있었다면 한자를 통해 그 의미를 짐작할 수 있도록 하였습니다.

1. 초등학교 3~4학년군의 교과서 어휘
2. 초등학교 3~4학년 학습자의 일상과 밀접한 어휘

교육과정 초등학교 3~4학년군 성취기준 연계!

모든 지문은 아이의 흥미를 이끌며, 그 내용은 아이가 학교에서 배우는
♥ 초등학교 3~4학년군 성취기준과 연계하였습니다.
친숙한 주제의 글 속에서 아이는, 단어에 숨어 있는 한자의 의미를 떠올릴 수 있습니다.
아이가 낯선 단어를 만나도 포기하지 않고 유추할 수 있도록 하였습니다.

차근차근 따라가며 성취감을 얻도록 구성!

1~2단계 교재에서 아이가 한자에 흥미를 느끼고 한자와 많이 친해졌다면,
3~4단계에서는 한자의 모양과 훈(뜻), 음(소리)에 '부수' 정보를 더하였습니다.
흥미를 이끄는 일러스트로 한자의 제자 원리도 알려 줍니다.
국립국어원 <표준국어대사전>과 <한국어기초사전>의 문장을 참고하였습니다.
아이가 주도하여 교재 안팎에서 스스로 학습하는 습관을 들일 수 있습니다.

● 들어가기

낯선 한자를 보여 주기에 앞서
아이가 이미 알고 있는 단어들을 제시하였습니다.
큰 소리로 단어들을 따라 읽으며
같은 글자가 들어 있음을 느끼도록 합니다.

● 1. 같은 글자 찾기

제시된 단어들의 공통 글자를 쉽게 찾습니다.
그 글자에는 한자가 숨어 있으며
단어들에 공통된 의미가 있음을
아이가 자연스럽게 습득합니다.

● 2. 숨은 한자 알아보기

앞서 아이가 스스로 찾아낸 한자의 정보를 알려 줍니다.
이를 통해 새로 배우는 한자의 기본 개념을 학습합니다.
문장 단위인 각 단어의 뜻풀이를 통해서
한자가 가지고 있는 의미를 기억합니다.

☆ 자전이 있는 친구들은 부수를 이용하여 한자를 찾아보세요.

● 3. 어휘력이 쑥쑥

여러 단어들이 하나의 맥락에서 긴 글을 이루고 있습니다.
그중 목표 한자가 숨어 있는 단어를 찾아냅니다.
긴 글에서 맞닥뜨리는 단어의 의미를
스스로 유추하는 힘을 기릅니다.

☆ 국어사전을 활용하세요! 아이가 국어사전과 가까워집니다.

　　+ 홈페이지에서 활동지 부가자료를 다운로드 하세요.

이렇게 배워요 !

차례

사회

일상생활

30일 / 공부 계획표

가족				
01	02	03	04	05
___월 ___일	___월 ___일	___월 ___일	___월 ___일	___월 ___일

			자연	
06	07	08	09	10
___월 ___일	___월 ___일	___월 ___일	___월 ___일	___월 ___일

11	12	13	14	15
___월 ___일	___월 ___일	___월 ___일	___월 ___일	___월 ___일

사회				
16	17	18	19	20
___월 ___일	___월 ___일	___월 ___일	___월 ___일	___월 ___일

			일상생활	
21	22	23	24	25
___월 ___일	___월 ___일	___월 ___일	___월 ___일	___월 ___일

26	27	28	29	30
___월 ___일	___월 ___일	___월 ___일	___월 ___일	___월 ___일

★ 어떻게 공부할까요?

하나, 단순히 답만 체크하며 휙휙 넘어가지 말고, **모든 단어와 문장 하나하나를 꼼꼼히** 눈으로 읽으며 따라가세요.

둘, **재미있는 놀이처럼** 단어에 숨어 있는 한자의 의미를 짐작해요. 우리 책에서는 한자를 획순대로 쓰는 것에 연연하지 않아도 괜찮아요.

셋, **국어사전에서** 오늘 배운 한자가 들어 있는 단어를 찾아보세요. 내가 제일 좋아하게 될 단어를 발견할 수도 있답니다.

들어가며

<초등 국어 한자가 어휘력이다 1~2단계>를 통해 한자와 많이 친해졌나요?
한자는 어려운 것인 줄로만 알았는데,
내가 이미 알고 있던 많은 단어들 속에 숨어 있었지요!

한자의 **모양**을 자세히 들여다보면 그 의미를 알 수 있고,
한글과 달리 한자는 글자 하나에 **뜻**이 담겨 있고,
그 뜻과 **소리**를 이어 이름을 붙였어요.

3~4단계에서는 여기에 **부수** 정보를 더했어요.
'부수(部首)'는 '부하' 할 때 '부'에 '머리 수' 자를 쓰는데요,
우두머리를 만날 때 그 사람을 바로 만나지 않고 그의 부하를 거쳐서 만나지요?

국어사전에서 '인형'이라는 단어를 찾을 때 'ㅇ'을 먼저 찾는 것과 마찬가지로,
한자를 찾을 때에도 그 한자를 이루고 있는 일부 글자를 먼저 찾아야 해요.
그 일부 글자가 바로 '부수'이지요.

1단계에서 배웠던 '사람 인'이 3단계에서는 부수로 나오는데요, 한번 볼까요?
앞을 보고 서 있던 '사람'이 부수가 되면서는 옆을 보고 섰어요.

사람이 서 있어요.

사람 인 人

住	休	信
사람[人]이 집에 등잔불 [主]을 밝히고 살아요.	사람[人]이 나무[木]에 기대어 쉬어요.	사람[人]의 말[言]은 믿을 수 있어요.
살 주 住	쉴 휴 休	믿을 신 信

우리가 1~2단계에서 배운 한자들이 새로운 한자의 부수가 되어,
그 한자에 어떻게 녹아들었는지 궁금하지 않나요?
<초등 국어 한자가 어휘력이다 3단계>에서는 더 재미있어진 한자를 통해
나의 어휘력을 쑥쑥 키울 수 있어요. 같이 시작해 보아요!

1단원

가족

다음 글자를 보고,
떠오르는 단어를 자유롭게 말해 보세요.

① 다음 단어들이 **무슨 뜻인지** 생각해 보세요.

가족

가정

초가집

작가

2 모든 단어에
똑같이 들어 있는 글자에 ◌ 하세요.

3 모든 단어 속에
숨어 있는 공통 한자에 ◌ 하세요.

가족	家족 한 **집**에 모여 사는 사람들의 집단
가정	家정 한 가족이 생활하는 **집**
초가집	초家집 짚이나 갈대 등의 풀로 지붕을 덮은 **집**
작가	작家 시, 소설 등을 짓는 **전문가**

공통 글자를 쓰세요.

공통 한자를 따라 쓰세요.

모양	뜻	소리
家	집, 전문가	가

집[宀] 아래에서 기르는 돼지[豕]의
모양을 합했어요.

부수 **家** → 宀 (집 면)
　　　　　지붕으로 덮여 있는 집의 모양이에요.

④ **한자의 이름을** 따라 쓰세요.

> 집 가
>
> 집 가

⑤ 단어에 '**家(가)**'가 숨어 있으면, 그 단어에는 '집, 전문가'의 뜻이 들어 있어요.
다음 단어들을 **한글로** 쓴 다음, 옆의 뜻풀이를 읽고 '**家(가)**'의 뜻에 ◯ 하세요.

家족	가족	→ 한 집에 모여 사는 사람들의 집단
家정		→ 한 가족이 생활하는 집
초**家**집		→ 짚이나 갈대 등의 풀로 지붕을 덮은 집
작**家**		→ 시, 소설 등을 짓는 전문가

6 아래 글을 읽고, '家(집 가)'가 숨어 있는 단어를 찾아볼까요?
굵게 표시된 6개의 단어 중 '집, 전문가'의 뜻이 있는 **4개의 단어**에 ◯ 하세요.

오늘 우리 **가족**은, 같이 강아지 산책을 시키며 친해진 옆집 프랑스인 **가정**에 식사 초대를 받았다.

무엇을 가져갈까 고민하다가, 그분들의 강아지를 주제로 한 그림을 직접 그려서 드렸더니, **화가**가 그린 줄 알았다고 **칭찬**하시며 좋아하셨다.

작가인 우리 아버지도 기분이 좋으셨는지, 가까워진 이웃과 함께 식사를 하는 따뜻한 마음을 주제로 하여 **즉석**에서 시 한 편을 지어 선물하셨다.

♥ **교육과정 성취기준 3~4학년군** / 4미02-02
주제를 자유롭게 떠올릴 수 있다.

오늘 배운 단어 이외에
'家(집 가)'가 숨어 있는
단어를 생각해 보세요.

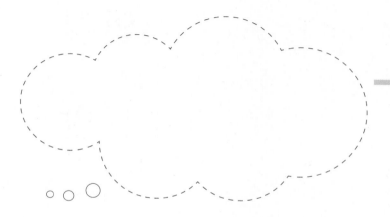

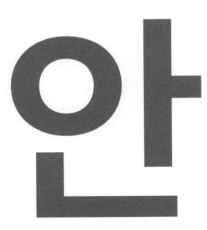

① 다음 단어들이 **무슨 뜻**인지 생각해 보세요.

안녕

안전

안심

보안

2 모든 단어에
똑같이 들어 있는 글자에 ◯ 하세요.

안녕

안전

안심

보안

공통 글자를 쓰세요.

3 모든 단어 속에
숨어 있는 공통 한자에 ◯ 하세요.

安녕

아무 탈 없이 **편안함**

安전

위험이 생길 걱정 없이 **편안한** 상태

安심

모든 걱정을 떨쳐 버리고
마음을 **편안하게** 가짐

보安

위험이 생길 걱정 없이
편안한 상태로 유지함

공통 한자를 따라 쓰세요.

모양	뜻	소리
安	**편안하다**	**안**

집[宀] 아래에 여자[女]가
편안히 앉아 있는 모양을 합했어요.

부수 **安** → **宀**(집 면)

4 한자의 이름을
따라 쓰세요.

편안할 안
편안할 안

5 단어에 '安(안)'이 숨어 있으면, 그 단어에는 '편안하다'의 뜻이 들어 있어요.
다음 단어들을 **한글로** 쓴 다음, 옆의 뜻풀이를 읽고 '**安(안)'의 뜻에** ◯ 하세요.

安녕		→ 아무 탈 없이 (편안함)
安전		→ 위험이 생길 걱정 없이 **편안한** 상태
安심		→ 모든 걱정을 떨쳐 버리고 마음을 **편안하게** 가짐
보**安**		→ 위험이 생길 걱정 없이 **편안한** 상태로 유지함

6 아래 글을 읽고, '安(편안할 안)'이 숨어 있는 단어를 찾아볼까요?
굵게 표시된 6개의 단어 중 '**편안하다**'의 뜻이 있는 **4개의 단어**에 ◯ 하세요.

저녁쯤 동생이 갑자기 나의 눈을 쳐다보지도 못하고 몸을 배배 꼬며 "누나, **안녕**." 하더니 도망갔다.

뭔가 **의심**스러워 얼른 내 방에 가 보니, 숨겨 놓았던 과자 상자가 텅 비었다. 뒤에서 동생이 울상을 지으며 "정말 **미안**해. 너무 먹고 싶어서……."라고 사과했다.

그 모습이 **진실**되어 보여서 용서하긴 했지만 고민스럽다. **보안**이 철저하다고 믿었던 내 방도 더 이상 **안전**한 곳이 아니니, 이제는 과자를 어디에 숨기지?

♥ **교육과정 성취기준 3~4학년군** / 4국01-04
적절한 표정, 몸짓, 말투로 말한다.

오늘 배운 단어 이외에 '**安**(편안할 안)'이 숨어 있는 단어를 생각해 보세요.

3. 정할 정

정

1 다음 단어들이 **무슨 뜻인지** 생각해 보세요.

결정

지정

일정 ○○○

측정

2 모든 단어에
똑같이 들어 있는 글자에 ◯ 하세요.

결**정**

지**정**

일**정**

측**정**

공통 글자를 쓰세요.

3 모든 단어 속에
숨어 있는 공통 한자에 ◯ 하세요.

결**定**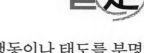

행동이나 태도를 분명하게 **정함**

지**定**

가리키어 확실하게 **정함**

일**定**

크기, 모양, 시간 등이
하나로 **정해져** 있음

측**定**

하나로 **정해진** 양을 기준으로 하여
크기를 잼

공통 한자를 따라 쓰세요.

모양

定

뜻

정하다

소리

정

집[宀]을 바르게[正] 하려면
모든 자리가 정해져야 한다는
모양을 합했어요.

부수 **定** → **宀**(집 면)

④ **한자의 이름을**
따라 쓰세요.

정할 정

정할 정

⑤ 단어에 '**定(정)**'이 숨어 있으면, 그 단어에는 '정하다'의 뜻이 들어 있어요.
다음 단어들을 **한글로** 쓴 다음, 옆의 뜻풀이를 읽고 '**定(정)**'의 뜻에 ◯ 하세요.

결**定**		→ 행동이나 태도를 분명하게 (정함)
지**定**		→ 가리키어 확실하게 **정함**
一**定**		→ 크기, 모양, 시간 등이 하나로 **정해져** 있음
측**定**		→ 하나로 **정해진** 양을 기준으로 하여 크기를 잼

6 아래 글을 읽고, '定(정할 정)'이 숨어 있는 단어를 찾아볼까요?
굵게 표시된 6개의 단어 중 '**정하다**'의 뜻이 있는 **4개의 단어**에 ◯ 하세요.

"지아야, 화장실 타일을 **교체**하려는데, 이 두 타일 중 어느 것이 더 예쁘니?" 하고 아버지께서 물으셨다.

나는 **일정**한 네모 무늬의 타일보다, 물방울 무늬가 흩어지듯 있는 것이 더 예쁘다고 말씀드렸다.

아버지께서는 벽면의 길이를 줄자로 **측정**하시더니, 한쪽 벽에 타일이 열 개나 들어가니 정말 물방울 무늬가 흩어지듯 보여 더 예쁘겠구나 하시며 그것으로 **결정**하셨다. 나의 **의견**이 **인정**받은 것 같아서 뿌듯했다.

♥ **교육과정 성취기준 3~4학년군** / 4국01-01
대화의 즐거움을 알고 대화를 나눈다.

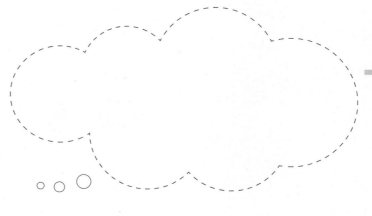

오늘 배운 단어 이외에
'定(정할 정)'이 숨어 있는
단어를 생각해 보세요.

4. 사귈 교

교

1 다음 단어들이 **무슨 뜻인지** 생각해 보세요.

교제

교통

교류

교대

2 모든 단어에
똑같이 들어 있는 글자에 ◯ 하세요.

3 모든 단어 속에
숨어 있는 공통 한자에 ◯ 하세요.

⟨교⟩제	**交**제 서로 **사귀어** 가까이 지냄
교통	**交**통 자동차, 배, 비행기 등을 이용하여 사람이 **오고 가는** 일
교류	**交**류 문화나 사상 등이 서로 **오고 감**
교대	**交**대 어떤 일을 여럿이 나누어서 **서로** 차례를 바꾸어 가며 함

공통 글자를 쓰세요.

공통 한자를 따라 쓰세요.

모양	뜻	소리
交	사귀다, 오고 가다, 서로	교

사람이 다리를 꼬고 있는 모양이에요.

부수 交 → 亠 (돼지해머리 두)
　　　　돼지 해[亥]라는 글자의 머리 부분을 닮아 붙은 이름이에요.

4 한자의 이름을 따라 쓰세요.

사귈 교

사귈 교

5 단어에 '交(교)'가 숨어 있으면, 그 단어에는 '사귀다, 오고 가다, 서로'의 뜻이 들어 있어요.
다음 단어들을 **한글로** 쓴 다음, 옆의 뜻풀이를 읽고 '**交(교)**'의 뜻에 ○ 하세요.

交제		→ 서로 사귀어 가까이 지냄
交통		→ 자동차, 배, 비행기 등을 이용하여 사람이 **오고 가는** 일
交류		→ 문화나 사상 등이 서로 **오고 감**
交대		→ 어떤 일을 여럿이 나누어서 **서로** 차례를 바꾸어 가며 함

6 아래 글을 읽고, '交(사귈 교)'가 숨어 있는 단어를 찾아볼까요? 굵게 표시된 6개의 단어 중 '사귀다, 오고 가다, 서로'의 뜻이 있는 **4개의 단어**에 ◯ 하세요.

우리 할머니는 서울 사람, 할아버지는 부산 사람이시다. 지금같이 **교통**이 편리하지 않던 옛날, 자주 만날 수 없던 두 분은 편지를 **교환**하며 사랑을 키우셨다. 그 후 서울과 부산에 **교대**로 방문하여 함께 부모님들께 **허락**을 받은 후 바로 결혼하셨다고 한다.

나는 친구에게 문자를 보내고 그 **답장**을 10분도 못 기다리는데, 그 옛날에 두 분은 어떻게 며칠씩 걸리는 편지만 주고받으며 **교제**하실 수 있었을까?

♥ **교육과정 성취기준 3~4학년군** / 4사01-06

옛날과 오늘날의 통신수단에 관한 자료를 바탕으로 하여 통신수단의 발달에 따른 생활 모습의 변화를 설명한다.

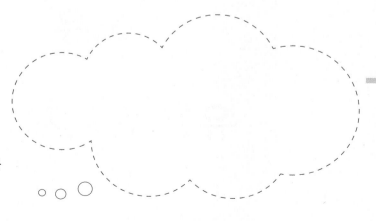

오늘 배운 단어 이외에 '交(사귈 교)'가 숨어 있는 단어를 생각해 보세요.

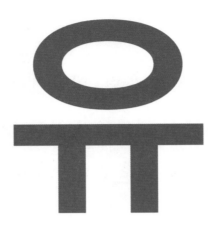

1 다음 단어들이 **무슨 뜻인지** 생각해 보세요.

유무

유익

고유

유형 문화재

2 모든 단어에
똑같이 들어 있는 글자에 ◯ 하세요.

 유무

유익

고유

유형 문화재

공통 글자를 쓰세요.

3 모든 단어 속에
숨어 있는 공통 한자에 ◯ 하세요.

 有무

있음과 없음

有익

이롭거나 도움이 될 만한 것이 **있음**

고有

본래부터 **가지고 있어** 특별한 것

有형 문화재

조각, 그림과 같이
물체의 모양이 **있는** 문화적 유산

공통 한자를 따라 쓰세요.

모양	뜻	소리
有	**(가지고) 있다**	**유**

손[ナ]에 고기[月→肉]를 쥐고 있는
모양을 합했어요.

부수 **有** → **月**(달 월)

　　　고기 육[肉]의 변형자로 '月'이 쓰여요.

4 **한자의 이름을** 따라 쓰세요.

있을 유

있을 유

5 단어에 '有(유)'가 숨어 있으면, 그 단어에는 '(가지고) 있다'의 뜻이 들어 있어요.
다음 단어들을 **한글로** 쓴 다음, 옆의 뜻풀이를 읽고 **'有(유)'의 뜻**에 ◯ 하세요.

有무		→ (있음)과 없음
有익		→ 이롭거나 도움이 될 만한 것이 **있음**
고**有**		→ 본래부터 **가지고 있어** 특별한 것
有형 **文**화재		→ 조각, 그림과 같이 물체의 모양이 **있는** 문화적 유산

6 아래 글을 읽고, '有(있을 유)'가 숨어 있는 단어를 찾아볼까요?
굵게 표시된 6개의 단어 중 '(가지고) 있다'의 뜻이 있는 **4개의 단어**에 ⬭ 하세요.

우리 동네 한복판에는 '수원 화성'이 있다. 화성을 빙 둘러싼 성곽을 따라 올라가다 보면 우리 **고유**의 멋이 느껴지는데, 이곳이 내가 제일 좋아하는 산책로이다.

오늘 곳곳에 있는 안내판의 **설명**을 읽다가 이 수원 화성이 조선 시대의 뛰어난 건축 **기술**을 보여 주는 중요한 **유형 문화재**라는 사실을 알았다.

이 정보를 친구들과 **공유**하여, 함께 동네를 산책하면서 역사도 배우는 **유익**한 시간을 가져야겠다.

♥ **교육과정 성취기준 3~4학년군** / 4사01-04
고장에 전해 내려오는 대표적인 문화유산을 살펴보고 고장에 대한 자긍심을 기른다.

오늘 배운 단어 이외에
'有(있을 유)'가 숨어 있는
단어를 생각해 보세요.

1 다음 단어들이 **무슨 뜻인지** 생각해 보세요.

> 양육

> 교육

> 체육관

> 사육사

2 모든 단어에
똑같이 들어 있는 글자에 ◯ 하세요.

3 모든 단어 속에
숨어 있는 공통 한자에 ◯ 하세요.

양**육**	양**育**
	아이를 보살펴서 **기름**
교육	교**育**
	지식과 기술 따위를 가르치며 인격을 **길러 줌**
체육관	체**育**관
	신체를 튼튼하게 **기르는** 운동을 하는 곳
사육사	사**育**사
	동물을 먹이고 돌보아 **기르는** 것을 직업으로 하는 사람

공통 글자를 쓰세요.

공통 한자를 따라 쓰세요.

(모양)   (뜻)   (소리)

育 | 기르다 | 육

막 태어나 거꾸로 나온 아이[㐬→子]의
몸[月→肉]의 모양을 합했어요.

4 **한자의 이름을**
따라 쓰세요.

기를 육

~~기를 육~~

(부수) **育** → **月**(달 월)
　　　고기 육[肉]의 변형자로 '月'이 쓰여요.

5 단어에 '**育**(육)'이 숨어 있으면, 그 단어에는 '기르다'의 뜻이 들어 있어요.
다음 단어들을 **한글로** 쓴 다음, 옆의 뜻풀이를 읽고 '**育**(육)'의 뜻에 ◯ 하세요.

양育 [　　　] → 아이를 보살펴서 (기름)

교育 [　　　] → 지식과 기술 따위를 가르치며
인격을 **길러** 줌

체育관 [　　　] → 신체를 튼튼하게 **기르는**
운동을 하는 곳

사育사 [　　　] → 동물을 먹이고 돌보아 **기르는** 것을
직업으로 하는 사람

6 아래 글을 읽고, '育(기를 육)'이 숨어 있는 단어를 찾아볼까요?
굵게 표시된 6개의 단어 중 '**기르다**'의 뜻이 있는 **4개의 단어**에 ⬭ 하세요.

내 짝꿍 건우는 할아버지와 둘이 사는데, 할아버지께서 건우가 어렸을 때부터 **양육**을 담당하셨다고 한다.

건우 할아버지께서는 **체육관**을 운영하시는데, 종종 건우와 함께 그곳에 놀러 갈 때마다 나의 몸을 스스로 **보호**할 수 있는 호신술 동작을 **교육**해 주신다.

배려심이 깊으신 할아버지와 살아서 그런지 건우도 내게 동작 하나하나를 **친절**하게 잘 가르쳐 준다. 건우도 나중에 **육아**를 잘하는 좋은 아빠가 될 것 같다.

♥ **교육과정 성취기준 3~4학년군** / 4사02-06
현대의 여러 가지 가족 형태를 조사하여 가족의 다양한 삶의 모습을 존중하는 태도를 기른다.

오늘 배운 단어 이외에 '育(기를 육)'이 숨어 있는 단어를 생각해 보세요.

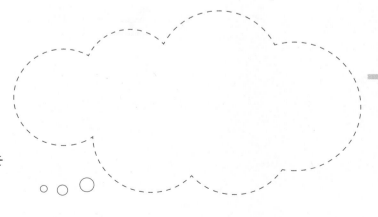

로

1 다음 단어들이 **무슨 뜻인지** 생각해 보세요.

노인

노약자

노후화

경로석

2 모든 단어에
똑같이 들어 있는 글자에 ◯ 하세요.

* '로'를 '노'로 읽기도 해요.

노약자

노후화

경로석

공통 글자를 쓰세요.

3 모든 단어 속에
숨어 있는 공통 한자에 ◯ 하세요.

나이가 들어 **늙은** 사람

老약자

늙거나 약한 사람

老후화

오래되거나 낡아서 쓸모가 없게 됨

경**老**석

대중교통에서
노인을 공경하는 뜻으로 마련한 좌석

공통 한자를 따라 쓰세요.

모양	뜻	소리
老	**늙다, 오래되다**	**로/노** *

* '로'가 단어 첫머리에 오면 '노'라고 읽어요.

老

허리가 굽어 지팡이를 짚고 서 있는
노인의 모양이에요.

4 **한자의 이름을** 따라 쓰세요.

늙을 로

늙을 로

부수 **老** → **老**(늙을 로)

글자 자체가 부수인 글자를 '제부수'라고 해요.

5 단어에 '老(로)'가 숨어 있으면, 그 단어에는 '늙다, 오래되다'의 뜻이 들어 있어요.
다음 단어들을 **한글로** 쓴 다음, 옆의 뜻풀이를 읽고 **'老(로)'의 뜻에** ◯ 하세요.

老人		→ 나이가 들어 **늙은** 사람
老약자		→ **늙거나** 약한 사람
老후화		→ **오래되거나** 낡아서 쓸모가 없게 됨
경**老**석		→ 대중교통에서 **노인을** 공경하는 뜻으로 마련한 좌석

6 아래 글을 읽고, '老(늙을 로)'가 숨어 있는 단어를 찾아볼까요?
굵게 표시된 6개의 단어 중 '**늙다, 오래되다**'의 뜻이 있는 **4개의 단어**에 ◯ 하세요.

오랜만에 지하철을 탔는데, 열차가 많이 **노후화**되어 자꾸만 삐거덕거렸다. 빈자리를 찾아 얼른 앉고 보니 '**노약자**를 위한 **좌석**'이라고 쓰여 있었다.

"할머니, 안녕하세요? 혹시 이게 무슨 뜻인가요?"

"나 같은 **노인**이나 아픈 사람, 임산부들을 말하지."

"아! 제가 몰랐어요! 할머니께서 여기 앉으세요."

"고맙지만 괜찮아. 내가 이래 봬도 엄청 **건강**해!"

나도 건강한 **노년**을 맞이하도록 운동을 해야겠다.

♥ **교육과정 성취기준 3~4학년군** / 4국01-06
예의를 지키며 듣고 말하는 태도를 지닌다.

오늘 배운 단어 이외에 '老(늙을 로)'가 숨어 있는 단어를 생각해 보세요.

① 다음 단어들이 **무슨 뜻인지** 생각해 보세요.

효도

효자

효심

불효

2 모든 단어에
똑같이 들어 있는 글자에 🗨 하세요.

3 모든 단어 속에
숨어 있는 공통 한자에 🗨 하세요.

	정성껏 부모를 섬기는 일
효자	**孝자**
	부모를 섬기는 아들
효심	**孝심**
	부모를 섬기는 마음
불효	**불孝**
	부모를 섬기지 않음

공통 글자를 쓰세요.

공통 한자를 따라 쓰세요.

(모양) (뜻) (소리)

孝 | 효도, 부모를 섬기다* | 효

*** 섬기다:** 윗사람을 잘 모시어 받들다.

아들[子]과 노인[耂]이 함께하고 있는
모양을 합했어요.

(부수) **孝** → **子**(아들 자)

4 **한자의 이름을** 따라 쓰세요.

효도 효

효도 효

---

5 단어에 '孝(효)'가 숨어 있으면, 그 단어에는 '부모를 섬기다'의 뜻이 들어 있어요.
다음 단어들을 **한글로** 쓴 다음, 옆의 뜻풀이를 읽고 **'孝(효)'의 뜻에** ◯ 하세요.

孝도		→ 정성껏 (부모를 섬기는) 일
孝子		→ **부모를 섬기는** 아들
孝心		→ **부모를 섬기는** 마음
不**孝**		→ **부모를 섬기지** 않음

6 아래 글을 읽고, '孝(효도 효)'가 숨어 있는 단어를 찾아볼까요?
굵게 표시된 6개의 단어 중 '**부모를 섬기다**'의 뜻이 있는 **4개의 단어**에 ◯ 하세요.

아버지께서 내 방이 돼지우리 같다고 지적하신 것이 불만스러워 툴툴거렸는데, 사실 아버지께서는 모두가 **공동**으로 쓰는 거실과 화장실도 청소하신다.

혼자서 힘드실 텐데 그런 아버지를 도와드리지는 못할망정 투덜대다니! **불효**가 이만저만이 아니다!

앞으로는 남동생과 함께 부모님 **입장**에서 먼저 생각하고 작은 일도 도와드려야겠다. 그래서 **효심**이 지극한 **효자**와 **효녀**로 거듭날 것이다!

♥ **교육과정 성취기준 3~4학년군** / 4도02-01
가족을 사랑하고 감사해야 하는 이유를 찾아보고,
가족 간에 지켜야 할 도리와 해야 할 일을 약속으로 정해 실천한다.

오늘 배운 단어 이외에
'孝(효도 효)'가 숨어 있는
단어를 생각해 보세요.

초家집 [   ] → 짚이나 갈대 등의 풀로 지붕을 덮은 (집)

화家 [   ] → 그림 그리는 것을 직업으로 하는
(전문가)

安심 [   ] → 모든 걱정을 떨쳐 버리고
마음을 (편안하게) 가짐

미安 [   ] → 남에게 대하여
마음이 (편안하지) 못하고 부끄러움

지定 [   ] → 가리키어 확실하게 (정함)

인定 [   ] → 확실히 그렇다고 여기고 (정함)

交류 [   ] → 문화나 사상 등이 서로 (오고 감)

交환 [   ] → (서로) 주고받고 함

혹시 기억이 나지 않는다면,
앞에서 배운 부분을
다시 한번 찾아보세요.

家	10~13쪽	有	26~29쪽
安	14~17쪽	育	30~33쪽
定	18~21쪽	老	34~37쪽
交	22~25쪽	孝	38~41쪽

有무   [　　　] → (있음)과 없음

공有   [　　　] → 두 사람 이상이 어떤 것을 함께 (가지고 있음)

사育사   [　　　] → 동물을 먹이고 돌보아 (기르는) 것을 직업으로 하는 사람

育아   [　　　] → 어린아이를 (기름)

경老석   [　　　] → 대중교통에서 (노인)을 공경하는 뜻으로 마련한 좌석

老년   [　　　] → 나이가 들어 (늙은) 때

孝도   [　　　] → 정성껏 (부모를 섬기는) 일

孝녀   [　　　] → (부모를 섬기는) 딸

2단원
자연

다음 글자를 보고,
떠오르는 단어를 자유롭게 말해 보세요.

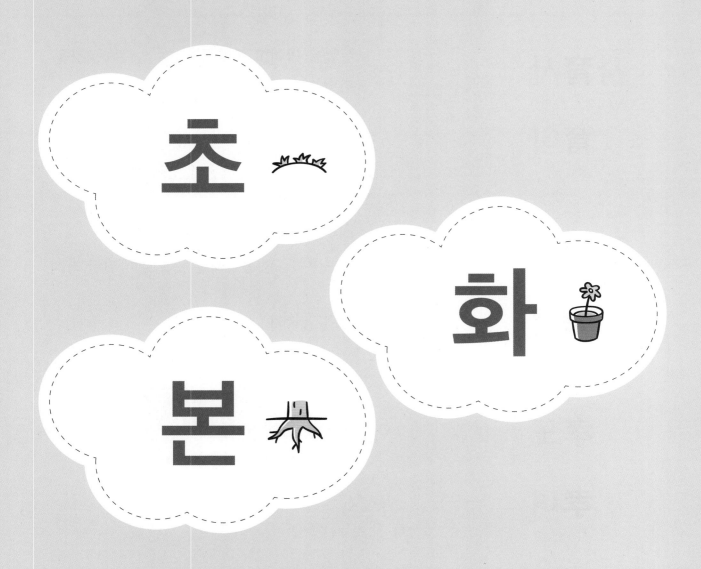

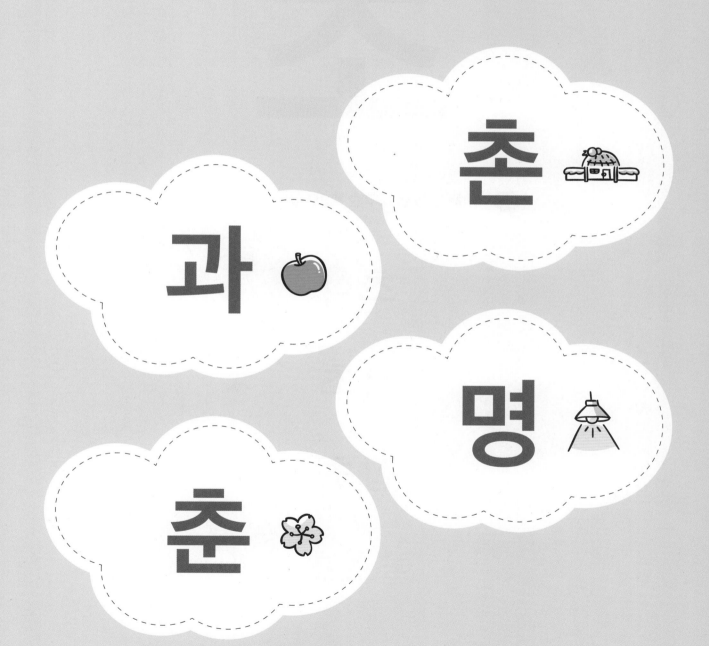

1. 풀 초

초

① 다음 단어들이 **무슨 뜻인지** 생각해 보세요.

초식

약초

잡초

불로초

2 모든 단어에
똑같이 들어 있는 글자에 ◯ 하세요.

3 모든 단어 속에
숨어 있는 공통 한자에 ◯ 하세요.

초식	**草**식
	주로 **풀**이나 채소, 나물만 먹고 삶
약초	약草
	약으로 쓰는 **풀**
잡초	잡草
	가꾸지 않아도 저절로 나서 자라는 여러 가지 **풀**
불로초	불로草
	먹으면 늙지 않는다는 상상의 **풀**

공통 글자를 쓰세요.

공통 한자를 따라 쓰세요.

(모양)　　　　　　(뜻)　　　　　　(소리)

草　　　풀　　　초

'⺿'의 뜻[풀, 식물]과
'투'의 소리[조→초]를 가졌어요.

(부수)　草 → ⺿ (풀 초)
　　　　　'⺿'는 '草'와 같은 글자예요.

4 **한자의 이름을** 따라 쓰세요.

풀 초

풀 초

---

5 단어에 '草(초)'가 숨어 있으면, 그 단어에는 '풀'의 뜻이 들어 있어요.
다음 단어들을 **한글로** 쓴 다음, 옆의 뜻풀이를 읽고 **'草(초)'의 뜻에** ○ 하세요.

草식		→ 주로 (풀)이나 채소, 나물만 먹고 삶
약草		→ 약으로 쓰는 풀
잡草		→ 가꾸지 않아도 저절로 나서 자라는 여러 가지 풀
不老草		→ 먹으면 늙지 않는다는 상상의 풀

6 아래 광고문을 읽고, '草(풀 초)'가 숨어 있는 단어를 찾아볼까요?
굵게 표시된 6개의 단어 중 '풀'의 뜻이 있는 **4개의 단어에** ◯ 하세요.

전국 방방곡곡에서 모두가 찾아오는 우리 고장의 **약초** 축제! 많이 기다리셨죠? 올해 9월에도 어김없이 장승댁 **초가집** 사거리에서 열립니다.

지리산의 깨끗한 자연환경에서 자라난 품질 좋은 도라지, 감초, 강황 등을 만나 보세요. 최근 유행하는 **초식** 식단을 위한 다양한 음식도 준비했습니다.

늘어나는 관광객의 **성원**에 힘입어 올해 개관하는 박물관에서 **잡초**와 약초의 차이점도 배워 가세요!

♥ **교육과정 성취기준 3~4학년군** / 4사02-01
우리 고장의 지리적 특성을 조사하고, 이것이 고장 사람들의 생활 모습에 미치는 영향을 탐구한다.

오늘 배운 단어 이외에 '草(풀 초)'가 숨어 있는 단어를 생각해 보세요.

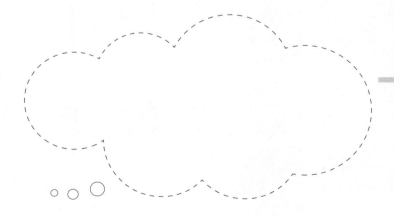

공부한날   월   일

1 다음 단어들이 **무슨 뜻인지** 생각해 보세요.

화초

화분

조화

야생화

2 모든 단어에
똑같이 들어 있는 글자에 ◯ 하세요.

화초

화분

조화

야생화

공통 글자를 쓰세요.

3 모든 단어 속에
숨어 있는 공통 한자에 ◯ 하세요.

花초

꽃이 피는 풀과 나무

花분

꽃을 심어 가꾸는 그릇

조花

종이, 천, 비닐 등을 재료로 하여
인공적으로 만든 꽃

야생花

들에 저절로 나서 피는 꽃

공통 한자를 따라 쓰세요.

(모양)   (뜻)   (소리)

花   꽃   화

'⺿'의 뜻[풀, 식물]과
'化'의 소리[화]를 가졌어요.

(부수) 花 → ⺿ (풀 초)

4 **한자의 이름을**
따라 쓰세요.

꽃 화

꽃 화

5 단어에 '花(화)'가 숨어 있으면, 그 단어에는 '꽃'의 뜻이 들어 있어요.
다음 단어들을 **한글로** 쓴 다음, 옆의 뜻풀이를 읽고 **'花(화)'의 뜻**에 ⭕ 하세요.

花草		→ ⭕꽃이 피는 풀과 나무
花분		→ 꽃을 심어 가꾸는 그릇
조花		→ 종이, 천, 비닐 등을 재료로 하여 인공적으로 만든 꽃
야生花		→ 들에 저절로 나서 피는 꽃

6 아래 글을 읽고, '花(꽃 화)'가 숨어 있는 단어를 찾아볼까요?
굵게 표시된 6개의 단어 중 '**꽃**'의 뜻이 있는 **4개의 단어**에 ⬭ 하세요.

오늘 학교에서 **무궁화** 씨앗을 심었다. 사진이나 **조화**로만 보던 예쁜 꽃을 실제로 볼 수 있을까?

평소에 **화초**를 잘 가꾸시는 어머니께 여쭈어보니 **양분**이 많은 흙에 씨앗을 심은 후, 꾸준히 물을 주면서 햇빛이 잘 드는 곳에 두면 꽃을 볼 수 있다고 하셨다.

흙이 마르지 않게 물을 잘 주며 매일 **관찰**했더니, 어느 날 빼꼼히 새싹이 돋아났다. 이제 광합성을 잘할 수 있도록 베란다로 **화분**을 옮겨 놔야겠다.

♥ **교육과정 성취기준 3~4학년군** / 4과13-01
씨가 싹트거나 자라는 데 필요한 조건을 설명할 수 있다.

오늘 배운 단어 이외에 '花(꽃 화)'가 숨어 있는 단어를 생각해 보세요.

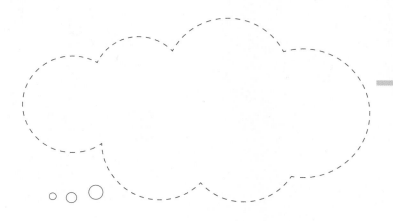

3. 뿌리 본

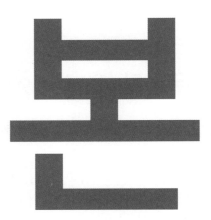

1 다음 단어들이 **무슨 뜻인지** 생각해 보세요.

근본

기본

원본

본보기

2 모든 단어에
똑같이 들어 있는 글자에 ◯ 하세요.

3 모든 단어 속에
숨어 있는 공통 한자에 ◯ 하세요.

근(본)

근(本)

풀과 나무의 **뿌리**
[어떤 것이 원래부터 가지고 있는 바탕]

기본

기本

어떤 것의 가장 기초가 되는 근본

원본

원本

베끼거나 고친 것에 대하여
근본이 되는 책이나 그림

본보기

本보기

보고 배워서 **근본**으로 삼을 만한 대상

공통 글자를 쓰세요.

공통 한자를 따라 쓰세요.

(모양) (뜻) (소리)

本 | 뿌리, 근본 | 본

本

나무[木]의 뿌리를 가리키는
모양을 나타냈어요.

(부수) **本** → **木**(나무 목)

4 **한자의 이름을**
따라 쓰세요.

뿌리 본

뿌리 본

5 단어에 '本(본)'이 숨어 있으면, 그 단어에는 '뿌리, 근본'의 뜻이 들어 있어요.
다음 단어들을 **한글로** 쓴 다음, 옆의 뜻풀이를 읽고 **'本(본)'의 뜻에** ◯ 하세요.

근本		→	풀과 나무의 (뿌리) [어떤 것이 원래부터 가지고 있는 바탕]
기本		→	어떤 것의 가장 기초가 되는 **근본**
원本		→	베끼거나 고친 것에 대하여 **근본**이 되는 책이나 그림
本보기		→	보고 배워서 **근본**으로 삼을 만한 대상

6 아래 글을 읽고, '**本**(뿌리 본)'이 숨어 있는 단어를 찾아볼까요?
굵게 표시된 6개의 단어 중 '**뿌리, 근본**'의 뜻이 있는 **4개의 단어**에 ◯ 하세요.

학교에서 연극 연습을 하는데, 작년에 미국에서 전학 온 소피아의 **발음**이 서툴러, 선생님께서 **대본**을 함께 읽으며 발음의 **본보기**를 보여 주셨다.

"'기역'은 혀 안쪽을 올려 목구멍을 살짝 막으면서 발음하는데, 그럼 혀가 'ㄱ' 모양이 돼요. 그리고 기역을 **기본**으로 해서 거세게 발음하면 '키읔'이 되지요."

놀라웠다! 수백 년 전에 만든 한글의 **모양**이, 발음할 때의 신체 기관 모양을 **근본**으로 하고 있다니!

♥ **교육과정 성취기준 3~4학년군** / 4국04-05
한글을 소중히 여기는 태도를 지닌다.

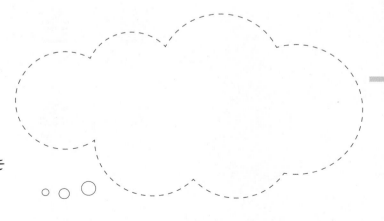

오늘 배운 단어 이외에 '**本**(뿌리 본)'이 숨어 있는 단어를 생각해 보세요.

1 다음 단어들이 **무슨 뜻인지** 생각해 보세요.

강촌

농촌

민속촌

지구촌

2 모든 단어에
똑같이 들어 있는 글자에 ⬭ 하세요.

3 모든 단어 속에
숨어 있는 공통 한자에 ⬭ 하세요.

강

강村

강가에 있는 **마을**

농촌

농村

농사를 짓는 사람들이 주로
모여 사는 **마을**

민속촌

민속村

예부터 전해 오는 전통 생활 양식을
그대로 본떠 만든 **마을**

지구촌

지구村

지구 전체를 한 **마을**처럼 여겨
이르는 말

공통 글자를 쓰세요.

공통 한자를 따라 쓰세요.

모양	뜻	소리
村	마을	촌

'木'의 뜻[나무 → 시골, 마을]과
'寸'의 소리[촌]를 가졌어요.

부수 村 → 木 (나무 목)

4 **한자의 이름을** 따라 쓰세요.

마을 촌

마을 촌

5 단어에 '村(촌)'이 숨어 있으면, 그 단어에는 '마을'의 뜻이 들어 있어요.
다음 단어들을 **한글로** 쓴 다음, 옆의 뜻풀이를 읽고 **'村(촌)'의 뜻**에 ◯ 하세요.

江村		→	강가에 있는 (마을)
농村		→	농사를 짓는 사람들이 주로 모여 사는 **마을**
民속村		→	예부터 전해 오는 전통 생활 양식을 그대로 본떠 만든 **마을**
지구村		→	지구 전체를 한 **마을**처럼 여겨 이르는 말

6 아래 글을 읽고, '村(마을 촌)'이 숨어 있는 단어를 찾아볼까요?
굵게 표시된 6개의 단어 중 '**마을**'의 뜻이 있는 **4개의 단어**에 ◯ 하세요.

우리 동네 주민 센터 앞 공터에서는 **매월** 농산물 직거래 장터가 열린다. **농촌**에서 농사를 지으시는 분들이 직접 곡식, 채소 등을 **판매**하시는데, 품질도 아주 좋고 가격도 싸서, 어머니께서 자주 이용하신다.

가끔 **어촌**에서 올라온 해산물을 팔기라도 하면, 근교 **강촌**에 사시는 삼촌도 들러 잔뜩 사 가신다.

세계도 하나의 마을 같은 **지구촌**이라는데, 이럴 땐 정말 우리나라 전체가 사이 좋은 한동네 같다.

♥ **교육과정 성취기준 3~4학년군** / 4사04-02
촌락과 도시 사이에 이루어지는 다양한 교류를 조사하고, 이들 사이의 상호 의존 관계를 탐구한다.

오늘 배운 단어 이외에
'村(마을 촌)'이 숨어 있는
단어를 생각해 보세요.

5. 열매 과

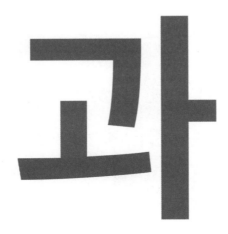

① 다음 단어들이 **무슨 뜻인지** 생각해 보세요.

과실

과수원

결과

효과

2 모든 단어에
똑같이 들어 있는 글자에 ◯ 하세요.

3 모든 단어 속에
숨어 있는 공통 한자에 ◯ 하세요.

실

실

주로 나무에서 얻는,
사람이 먹을 수 있는 **열매**

과수원

果수원

열매를 얻기 위하여
나무를 심어 놓은 밭

결과

결果

열매를 맺음,
즉 어떤 일이 끝난 후의 상태

효과

효果

어떠한 것을 하여 얻어지는 좋은 **결과**

공통 글자를 쓰세요.

공통 한자를 따라 쓰세요.

(모양)   (뜻)   (소리)

果 | 열매, 결과 | 과

나무[木] 위에 열매가 열린 모양이에요.

(부수) **果** → **木**(나무 목)

4 **한자의 이름을** 따라 쓰세요.

| 열매 과 |
| 열매 과 |

---

5 단어에 '果(과)'가 숨어 있으면, 그 단어에는 '열매, 결과'의 뜻이 들어 있어요.
다음 단어들을 **한글로** 쓴 다음, 옆의 뜻풀이를 읽고 **'果(과)'의 뜻에** ◯ 하세요.

果실 [　　] → 주로 나무에서 얻는,
사람이 먹을 수 있는 **열매**

果수원 [　　] → **열매**를 얻기 위하여
나무를 심어 놓은 밭

결果 [　　] → **열매**를 맺음,
즉 어떤 일이 끝난 후의 상태

효果 [　　] → 어떠한 것을 하여 얻어지는
좋은 **결과**

6 아래 글을 읽고, '果(열매 과)'가 숨어 있는 단어를 찾아볼까요?
굵게 표시된 6개의 단어 중 '열매, 결과'의 뜻이 있는 4개의 단어에 ◯ 하세요.

가을의 **과수원**에는 다양한 **과실**이 맺혀요. 색깔도 모양도 **각양각색**인 열매들을 함께 살펴보아요.

반질반질 새빨간 사과는 비타민이 많아 몸에 좋아요. 아삭아삭 씹히고 새콤달콤하지요.

거칠거칠 노란 배는 과즙이 많고 시원해요. 콜록콜록 감기 걸렸을 때 먹으면 **효과**가 뛰어나대요.

오독오독 씹히는 **견과류**도 빼놓으면 섭섭하지요. 울퉁불퉁 딱딱한 호두는 두뇌 **건강**에 좋아요.

♥ **교육과정 성취기준 3~4학년군** / 4과05-01
여러 가지 식물을 관찰하여 특징에 따라 식물을 분류할 수 있다.

오늘 배운 단어 이외에 '果(열매 과)'가 숨어 있는 단어를 생각해 보세요.

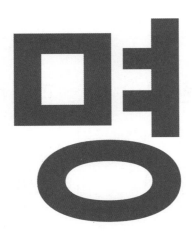

1 다음 단어들이 **무슨 뜻인지** 생각해 보세요.

조**명**

설**명**

발**명**품

분**명**

2 모든 단어에
똑같이 들어 있는 글자에 ◯ 하세요.

3 모든 단어 속에
숨어 있는 공통 한자에 ◯ 하세요.

 조**명**

조**明**

빛으로 **밝게** 비추는 것

설**명**

설**明**

어떤 것을 남에게 알기 쉽게 **밝혀** 말함

발**명**품

발**明**품

전에 없던 물건이나 방법 등을
새롭게 **밝혀** 만들어 낸 것

분**명**

분**明**

틀림없이 **확실하게**

공통 글자를 쓰세요.

공통 한자를 따라 쓰세요.

모양	뜻	소리
明	밝(히)다, 확실하다	명

낮을 밝히는 해[日]와 밤을 밝히는 달[月]의
모양을 합했어요.

부수 明 → 日(날 일)

4 **한자의 이름을**
따라 쓰세요.

밝을 명

밝을 명

---

5 단어에 '明(명)'이 숨어 있으면, 그 단어에는 '밝(히)다, 확실하다'의 뜻이 들어 있어요.
다음 단어들을 **한글로** 쓴 다음, 옆의 뜻풀이를 읽고 **'明(명)'의 뜻에** ◯ 하세요.

조明		→ 빛으로 밝게 비추는 것
설明		→ 어떤 것을 남에게 알기 쉽게 **밝혀** 말함
발明품		→ 전에 없던 물건이나 방법 등을 새롭게 **밝혀** 만들어 낸 것
分明		→ 틀림없이 **확실하게**

6 아래 글을 읽고, '明(밝을 명)'이 숨어 있는 단어를 찾아볼까요?
굵게 표시된 6개의 단어 중 '**밝(히)다, 확실하다**'의 뜻이 있는 **4개의 단어**에 ◯ 하세요.

거실 **조명**의 밝기가 적당한지에 대해 동생과 토론을 벌였다. 나는 생활하면서 **불편**하다고 느낀 적이 없었기 때문에 문제가 없다고 **설명**했지만, 동생은 그건 낮에 해가 떠 있을 때만이라고 **반박**했다.

이어서 동생은 거실이 너무 어두워서 책도 읽을 수 없다고 했지만, 나는 **분명** 동생이 자기 방에서도 독서하는 걸 본 적이 없었기 때문에 그건 **변명**에 불과하다고 주장했더니, 동생은 고개를 끄덕이며 인정했다.

♥ **교육과정 성취기준 3~4학년군** / 4국01-02
회의에서 의견을 적극적으로 교환한다.

오늘 배운 단어 이외에
'**明(밝을 명)**'이 숨어 있는
단어를 생각해 보세요.

춘하추동

1 다음 단어들이 **무슨 뜻인지** 생각해 보세요.

춘계

하계

추계

동계

2 다음 단어에서
계절을 나타내는 글자에 ◌ 하세요.

3 다음 단어 속에
숨어 있는 한자에 ◌ 하세요.

㉿춘계
하계
추계
동계

㉿春계
계절이 **봄**인 때
夏계
계절이 **여름**인 때
秋계
계절이 **가을**인 때
冬계
계절이 **겨울**인 때

춘 하 추 동

春 夏 秋 冬

글자를 쓰세요.

한자를 따라 쓰세요.

모양	春	夏	秋	冬
뜻	봄	여름	가을	겨울
소리	춘	하	추	동

햇빛[日]을 받아 싹이 나는 모양을 합했어요.

머리[頁]가 천천히 걷는 [夊] 모양을 합했어요.

곡식[禾]이 익어 가는 [火] 모양을 합했어요.

서서히[夊] 얼음[冫]이 어는 모양을 합했어요.

부수   春 → 日(날 일)   夏 → 夊(천천히 걸을 쇠)   秋 → 禾(벼 화)   冬 → 冫(얼음 빙)

4 **한자의 이름을** 따라 쓰세요.

봄 춘	여름 하	가을 추	겨울 동

5 단어에 '春(춘), 夏(하), 秋(추), 冬(동)'이 숨어 있으면, 그 단어에는 계절의 뜻이 들어 있어요. 다음 단어들을 **한글로** 쓴 다음, 옆의 뜻풀이를 읽고 **각 한자의 뜻에** ◯ 하세요.

春계 [　　　] → 계절이 (봄)인 때

夏계 [　　　] → 계절이 **여름**인 때

秋계 [　　　] → 계절이 **가을**인 때

冬계 [　　　] → 계절이 **겨울**인 때

6 아래 글을 읽고, '春', '夏', '秋', '冬'이 숨어 있는 단어를 찾아볼까요?
굵게 표시된 6개의 단어 중 **'계절'의 뜻이 있는 4개의 단어에** ○ 하세요.

2018 평창 **동계** 올림픽이 열렸을 때, 어머니께서는 어린 시절 **춘추복**을 입고 1988년 가을에 진행되었던 서울 **하계** 올림픽 개막식에 참석했다고 추억하셨다.

올림픽 대회의 **의의**는 승리하는 데 있는 것이 아니라 참가하는 데 있다고 한다. 상대방을 이기는 것보다 선수들이 흘린 땀방울이 더욱 아름다운 것이다.

나도 올해 학교에서 열리는 **추계** 운동회에서, 승부에 **연연**하지 않고 최선을 다하는 것에 만족하는 아름다운 올림픽 정신을 가져야겠다.

♥ **교육과정 성취기준 3~4학년군** / 4도04-02
참된 아름다움을 올바르게 이해하고 느껴 생활 속에서 이를 실천한다.

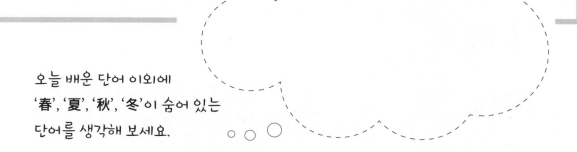

오늘 배운 단어 이외에
'春', '夏', '秋', '冬'이 숨어 있는
단어를 생각해 보세요.

불로草 → 먹으면 늙지 않는다는 상상의 (풀)

草가집 → 짚이나 갈대 등의 (풀)로 지붕을 덮은 집

야생花 → 들에 저절로 나서 피는 (꽃)

무궁花 → 우리나라를 상징하는,
붉은색 무늬가 있는 (꽃)

원本 → 베끼거나 고친 것에 대하여
(근본)이 되는 책이나 그림

대本 → 연극이나 영화를 만드는 데
(근본)이 되는 글

민속村 → 예부터 전해 오는 전통 생활 양식을
그대로 본떠 만든 (마을)

어村 → 물고기를 잡아 생활하는 사람들이
모여 사는 (마을)

혹시 기억이 나지 않는다면,
앞에서 배운 부분을
다시 한번 찾아보세요.

草	46~49쪽	果	62~65쪽
花	50~53쪽	明	66~69쪽
本	54~57쪽	春秋	70~73쪽
村	58~61쪽		

지구村 ☐ → 지구 전체를 한 (마을)처럼 여겨 이르는 말

효果 ☐ → 어떠한 것을 하여 얻어지는 좋은 (결과)

결果 ☐ → (열매)를 맺음,
즉 어떤 일이 끝난 후의 상태

견果류 ☐ → 단단한 껍데기에 싸여 있는
나무 (열매)의 종류

발明품 ☐ → 전에 없던 물건이나 방법 등을
새롭게 (밝혀) 만들어 낸 것

변明 ☐ → 어떤 잘못에 대하여 그 이유를 (밝혀) 말함

春계 ☐ → 계절이 (봄)인 때

春秋복 ☐ → (봄)과 (가을)에 입는 옷

사회

다음 글자를 보고,
떠오르는 단어를 자유롭게 말해 보세요.

의

1 다음 단어들이 **무슨 뜻인지** 생각해 보세요.

내의

의복

의생활

탈의실

2 모든 단어에
똑같이 들어 있는 글자에 ◯ 하세요.

3 모든 단어 속에
숨어 있는 공통 한자에 ◯ 하세요.

내◯의	내◯衣 겉옷의 안에 입는 **옷**
의복	衣복 몸을 가리거나 보호하기 위하여 만들어 입는 **옷**
의생활	衣생활 사람이 입는 **옷**에 관한 생활
탈의실	탈衣실 옷을 벗거나 갈아입는 방

공통 글자를 쓰세요.

공통 한자를 따라 쓰세요.

(모양)　(뜻)　(소리)

衣　옷　의

윗옷의 모양이에요.

(부수) 衣 → 衣(옷 의)

④ 한자의 이름을 따라 쓰세요.

옷 의

옷 의

---

⑤ 단어에 '衣(의)'가 숨어 있으면, 그 단어에는 '옷'의 뜻이 들어 있어요.
다음 단어들을 **한글로** 쓴 다음, 옆의 뜻풀이를 읽고 '**衣(의)'의 뜻**에 ◯ 하세요.

內衣		→	겉옷의 안에 입는 (옷)
衣복		→	몸을 가리거나 보호하기 위하여 만들어 입는 **옷**
衣生활		→	사람이 입는 **옷**에 관한 생활
탈衣실		→	옷을 벗거나 갈아입는 방

6 아래 글을 읽고, '衣(옷 의)'가 숨어 있는 단어를 찾아볼까요?
굵게 표시된 6개의 단어 중 **'옷'의 뜻이 있는 4개의 단어**에 ◯ 하세요.

옛날에는 설날을 맞이하여 새 옷을 입는 **풍속**이 있었는데, '설빔'이라고 하는 그 **의복**은 주로 어머니들이 직접 바느질을 해서 정성껏 지었다고 한다.

우리 아버지께선 올해 설날에 나를 옷 가게에 데리고 가셔서 멋진 **상의**를 사 주시며 설빔이라 하셨다.

설빔을 장만하는 **의생활**이 **변화**하긴 했지만 여전히 부모님의 사랑을 느낄 수 있다. 내년 설날에는 용돈을 모아 내가 부모님께 따뜻한 **내의**라도 사 드려야지.

♥ **교육과정 성취기준 3~4학년군** / 4사02-04
옛날의 세시 풍속을 알아보고, 오늘날의 변화상을 탐색하여 공통점과 차이점을 분석한다.

오늘 배운 단어 이외에 '衣(옷 의)'가 숨어 있는 단어를 생각해 보세요.

식

1 다음 단어들이 **무슨 뜻인지** 생각해 보세요.

음식

한식

급식

편식

2 모든 단어에
똑같이 들어 있는 글자에 ◯ 하세요.

3 모든 단어 속에
숨어 있는 공통 한자에 ◯ 하세요.

음식	음食 사람이 **먹거나** 마시는 모든 것
한식	한食 우리나라 고유의 **음식**
급식	급食 기관에서 구성원들에게 **음식**을 제공함
편식	편食 어떤 특정한 **음식**만을 가려서 즐겨 먹음

공통 글자를 쓰세요.

공통 한자를 따라 쓰세요.

(모양) (뜻) (소리)

食 | 먹다, 음식 | 식

사람[人]이 좋아하는[良] 음식을 담는
그릇의 모양이에요.

(부수) 食 → 食(먹을 식)

4 한자의 이름을
따라 쓰세요.

먹을 식

먹을 식

5 단어에 '食(식)'이 숨어 있으면, 그 단어에는 '먹다, 음식'의 뜻이 들어 있어요.
다음 단어들을 **한글로** 쓴 다음, 옆의 뜻풀이를 읽고 '**食(식)**'의 뜻에 ○ 하세요.

음食		→ 사람이 (먹거나) 마시는 모든 것
한食		→ 우리나라 고유의 **음식**
급食		→ 기관에서 구성원들에게 **음식**을 제공함
편食		→ 어떤 특정한 **음식**만을 가려서 즐겨 먹음

6 아래 글을 읽고, '**食(먹을 식)**'이 숨어 있는 단어를 찾아볼까요?
굵게 표시된 6개의 단어 중 '**먹다, 음식**'의 뜻이 있는 **4개의 단어**에 ◯ 하세요.

소피아는 미국에서 살 때부터 매콤한 맛을 좋아해 **한식**을 **선호**했는데, 그중에서도 특히 김치찌개를 가장 자주 먹었다고 한다. 그래서 학교 **급식**에서도 김치가 나오면 남김없이 비운다.

그런데 한국에 온 이후 **식당**에 가서 김치찌개를 시킬 때마다, 점원분들께서 이건 너무 매우니 외국 사람은 못 먹는다고 하시며 자꾸 순한 **음식**만 추천해 주셔서 **난감**하다고 고민을 털어놓았다.

♥ **교육과정 성취기준 3~4학년군** / 4사04-06
우리 사회에 다양한 문화가 확산되면서 생기는 문제(편견, 차별 등) 및 해결 방안을 탐구하고, 다른 문화를 존중하는 태도를 기른다.

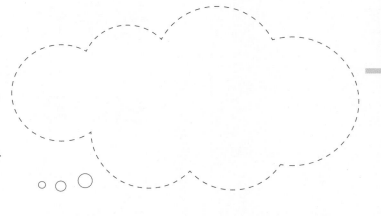

오늘 배운 단어 이외에
'**食**(먹을 식)'이 숨어 있는
단어를 생각해 보세요.

1 다음 단어들이 **무슨 뜻인지** 생각해 보세요.

주택

주민

원주민

의식주

2 모든 단어에
똑같이 들어 있는 글자에 ◯ 하세요.

3 모든 단어 속에
숨어 있는 공통 한자에 ◯ 하세요.

 주택

 住택

사람이 들어가 **살도록** 지은 건물

주민

住민

일정한 지역에 **살고 있는** 사람

원주민

원住민

어떤 지역에 원래부터 **살고 있는** 사람들

의식주

의식住

옷과 음식과 **집**
[인간 생활의 세 가지 기본 요소]

공통 글자를 쓰세요.

공통 한자를 따라 쓰세요.

모양

住

뜻

살다, 집

소리

주

사람[人]이 집에 등잔불[主]을 밝히고 사는
모양을 합했어요.

④ **한자의 이름을**
따라 쓰세요.

살 주
살 주

부수
住 → 亻 → 人(사람 인)
부수로 쓰일 때 모양이 변하기도 해요.

⑤ 단어에 '住(주)'가 숨어 있으면, 그 단어에는 '살다, 집'의 뜻이 들어 있어요.
다음 단어들을 **한글로** 쓴 다음, 옆의 뜻풀이를 읽고 **'住(주)'의 뜻에** ○ 하세요.

住택		→	사람이 들어가 살도록 지은 건물
住民		→	일정한 지역에 **살고 있는** 사람
원住民		→	어떤 지역에 원래부터 **살고 있는** 사람들
衣食住		→	옷과 음식과 **집** [인간 생활의 세 가지 기본 요소]

6 아래 글을 읽고, '住(살 주)'가 숨어 있는 단어를 찾아볼까요?
굵게 표시된 6개의 단어 중 '**살다, 집**'의 뜻이 있는 **4개의 단어**에 ◯ 하세요.

5년 전 제주도로 이사 가신 이모가 놀러 오셨다. 우리 동네가 너무 많이 바뀌어 **주소**를 보고도 못 찾아서, 골목의 **주민**들에게 도움을 받았다고 하셨다.

이모께서 가져오신 한라봉은 따뜻한 지역에서 직접 **재배**하신 것인데, 3대째 같은 **주택**에 살고 계신 옆집 **원주민** 부부께서 많이 도와주셨다고 한다.

그런데 제주도에서는 한겨울에도 패딩을 안 입는데, 서울은 가을도 너무 춥다며 **외출**을 못 하고 계시다.

♥ **교육과정 성취기준 3~4학년군** / 4사02-02
우리 고장과 다른 고장 사람들의 의식주 생활 모습을 비교하여, 환경의 차이에 따른 생활 모습의 다양성을 탐구한다.

오늘 배운 단어 이외에 '住(살 주)'가 숨어 있는 단어를 생각해 보세요.

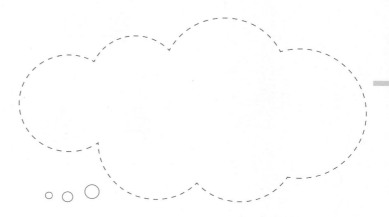

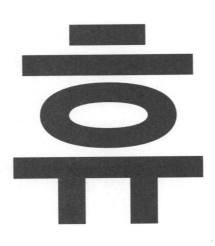

1 다음 단어들이 **무슨 뜻인지** 생각해 보세요.

휴일

휴업

휴직

휴게실

모든 단어에
똑같이 들어 있는 글자에 ◯ 하세요.

 모든 단어 속에
숨어 있는 공통 한자에 ◯ 하세요.

㉻일

㉻업

㉻직

㉻게실

休일

일을 하지 않고 **쉬는** 날

休업

일로 하던 것을 잠시 중단하고
한동안 **쉼**

休직

일정한 기간 동안,
직장에서 맡은 일을 **쉼**

休게실

잠시 머물러 **쉴** 수 있도록
마련해 놓은 방

공통 글자를 쓰세요.

休

공통 한자를 따라 쓰세요.

모양	뜻	소리
休	쉬다	휴

休

사람[人]이 나무[木]에 기대어 쉬는
모양을 합했어요.

부수 休 → 亻 → 人(사람 인)

4 **한자의 이름을**
따라 쓰세요.

쉴 휴

쉴 휴

5 단어에 '休(휴)'가 숨어 있으면, 그 단어에는 '쉬다'의 뜻이 들어 있어요.
다음 단어들을 **한글로** 쓴 다음, 옆의 뜻풀이를 읽고 '**休(휴)'의 뜻**에 ○ 하세요.

休日		→	일을 하지 않고 (쉬는) 날
休업		→	일로 하던 것을 잠시 중단하고 한동안 **쉼**
休직		→	일정한 기간 동안, 직장에서 맡은 일을 **쉼**
休게실		→	잠시 머물러 **쉴** 수 있도록 마련해 놓은 방

6 아래 글을 읽고, '休(쉴 휴)'가 숨어 있는 단어를 찾아볼까요?
굵게 표시된 6개의 단어 중 '**쉬다'의 뜻이 있는 4개의 단어**에 ○ 하세요.

며칠째 장대비가 쏟아지고 있는 **휴일** 아침, 온 가족이 집에서 텔레비전을 보고 있었다. 사촌 동생 때문에 육아 **휴직** 중이신 삼촌도 함께 계셨다.

그런데 갑자기 폭우 때문에 곳곳의 도로가 잠겨서 **전국**에 휴교 및 휴업을 **권고**한다는 특보가 떴다.

모르는 단어라 삼촌께 여쭈어보니, '**휴업**'의 '업'은 '사업'으로, 일을 쉬는 거라고 하셨다. 그럼 '**휴교**'의 '교'는 학교인가? 나 내일 학교를 안 가도 되는 걸까?

♥ **교육과정 성취기준 3~4학년군** / 4국02-03
글에서 낱말의 의미나 생략된 내용을 짐작한다.

오늘 배운 단어 이외에
'**休**(쉴 휴)'가 숨어 있는
단어를 생각해 보세요.

5. 대신할 대

대

1 다음 단어들이 **무슨 뜻인지** 생각해 보세요.

대신

교대

대표

세대

② 모든 단어에
똑같이 들어 있는 글자에 ◯ 하세요.

③ 모든 단어 속에
숨어 있는 공통 한자에 ◯ 하세요.

어떤 대상의 자리를 **바꾸어서** 새로 맡음

교대

교代

어떤 일을 여럿이 나누어서
서로 차례를 **바꾸어** 가며 함

대표

代표

여러 사람을 **대신하여**
어떤 일을 하는 사람

세대

세代

같은 **시대**에 태어나
비슷한 생각을 가지고 있는 사람들

공통 글자를 쓰세요.

공통 한자를 따라 쓰세요.

모양	뜻	소리
代	바꾸다, 대신하다, 시대*	대

* 어떤 특징에 따라 구분한 일정한 기간

사람[人] 대신 짐승을 잡아 주는
화살[弋]의 모양을 합했어요.

부수 代 → 亻 → 人 (사람 인)

4 **한자의 이름을**
따라 쓰세요.

대신할 대

대신할 대

5 단어에 '代(대)'가 숨어 있으면, 그 단어에는 '바꾸다, 대신하다, 시대'의 뜻이 들어 있어요.
다음 단어들을 **한글로** 쓴 다음, 옆의 뜻풀이를 읽고 **'代(대)'의 뜻**에 ◯ 하세요.

代신		→	어떤 대상의 자리를 (바꾸어서) 새로 맡음
交代		→	어떤 일을 여럿이 나누어서 서로 차례를 **바꾸어** 가며 함
代표		→	여러 사람을 **대신하여** 어떤 일을 하는 사람
세代		→	같은 **시대**에 태어나 비슷한 생각을 가지고 있는 사람들

6 아래 글을 읽고, '代(대신할 대)'가 숨어 있는 단어를 찾아볼까요? 굵게 표시된 6개의 단어 중 '**바꾸다, 대신하다, 시대**'의 뜻이 있는 **4개의 단어**에 ◯ 하세요.

눈이 오는 겨울날 따뜻한 바닥에 누워 있자니, 옛날에는 보일러 **대신** 무엇을 사용했을지 궁금했다.

할아버지께서, 옛날에는 아궁이에 불을 피우면 그 열기를 방바닥까지 전달해 주는 '온돌'이 있었고, **현대**의 보일러가 바로 이 원리를 **활용**한 것이라고 하셨다.

한겨울에도 형님과 **교대**로 아궁이에 집어넣을 땔감나무를 마련하느라 고생했는데, 요즘 **세대**는 그런 고생을 하지 않아도 되니 **다행**이라며 허허 웃으셨다.

♥ **교육과정 성취기준 3~4학년군** / 4사02-03
옛 사람들의 생활 도구나 주거 형태를 알아보고, 오늘날의 생활 모습과 비교하여 그 변화상을 탐색한다.

오늘 배운 단어 이외에
'代(대신할 대)'가 숨어 있는
단어를 생각해 보세요. ○ ○ ◯

작

① 다음 단어들이 **무슨 뜻인지** 생각해 보세요.

시작

창작

작가

작품

2 모든 단어에
똑같이 들어 있는 글자에 ◯ 하세요.

3 모든 단어 속에
숨어 있는 공통 한자에 ◯ 하세요.

시작	시作
	어떤 일의 처음 단계를 **만들어** 냄
창작	창作
	다른 것을 흉내 내지 않고 새롭게 처음으로 **만들어** 냄
작가	作가
	시, 소설 등을 **짓는** 전문가
작품	作품
	독창적인 예술 활동으로 **만들어** 낸 것

공통 글자를 쓰세요.

공통 한자를 따라 쓰세요.

모양	뜻	소리
作	짓다, 만들다	작

지을 작

지을 작

사람[人]은 잠깐[乍] 사이에도
무엇을 만들어 낸다는 모양을 합했어요.

부수 作 → 亻 → 人 (사람 인)

4 **한자의 이름을** 따라 쓰세요.

5 단어에 '作(작)'이 숨어 있으면, 그 단어에는 '짓다, 만들다'의 뜻이 들어 있어요.
다음 단어들을 **한글로** 쓴 다음, 옆의 뜻풀이를 읽고 **'作(작)'의 뜻**에 ◯ 하세요.

시作		→ 어떤 일의 처음 단계를 ⟨만들어⟩ 냄
창作		→ 다른 것을 흉내 내지 않고 새롭게 처음으로 **만들어** 냄
作家		→ 시, 소설 등을 **짓는** 전문가
作品		→ 독창적인 예술 활동으로 **만들어** 낸 것

6 아래 글을 읽고, '作(지을 작)'이 숨어 있는 단어를 찾아볼까요?
굵게 표시된 6개의 단어 중 '**짓다, 만들다**'의 뜻이 있는 **4개의 단어**에 ◯ 하세요.

나는 머릿속에 어떤 예쁜 옷이 떠오르면, 바로 공책을 펴고 상상 속의 이미지를 옮겨 그리기 **시작**한다.

낙서할 시간에 **독서**나 하라고 하는 사람도 있지만, 그건 **창작**의 기쁨을 모르고 하는 소리이다. 머릿속에 어렴풋이 떠오르는 옷 모양을 **실제**로 그려 보고 나면, 그 그림이 마치 나의 소중한 **작품**인 것만 같다.

나는 누가 뭐래도 이 낙서들이, 나만의 옷을 **제작**하겠다는 꿈을 향해 나아가는 발걸음이라고 생각한다.

♥ **교육과정 성취기준 3~4학년군** / 4국03-03
관심 있는 주제에 대해 자신의 의견이 드러나게 글을 쓴다.

오늘 배운 단어 이외에
'**作**(지을 작)'이 숨어 있는
단어를 생각해 보세요.

① 다음 단어들이 **무슨 뜻인지** 생각해 보세요.

신뢰

신앙

신호

통신

2 모든 단어에
똑같이 들어 있는 글자에 ◯ 하세요.

신리

신앙

신호

통신

공통 글자를 쓰세요.

3 모든 단어 속에
숨어 있는 공통 한자에 ◯ 하세요.

信리

굳게 **믿고** 의지함

信앙

신을 **믿고** 받드는 일

信호

서로 **믿고** 약속하여
어떤 정보를 전달하는 데 쓰는 기호

통信

우편이나 전화 등으로 **정보**를 전달함

공통 한자를 따라 쓰세요.

모양

뜻

소리

信 | 믿다, 정보 | 신

사람[人]의 말[言]은 믿을 수 있다는
모양을 합했어요.

부수 信 → 亻 → 人 (사람 인)

4 한자의 이름을 따라 쓰세요.

믿을 신

믿을 신

5 단어에 '信(신)'이 숨어 있으면, 그 단어에는 '믿다, 정보'의 뜻이 들어 있어요.
다음 단어들을 **한글로** 쓴 다음, 옆의 뜻풀이를 읽고 '**信(신)**'의 뜻에 ◯ 하세요.

信뢰 　　　 → 굳게 (믿고) 의지함

信앙 　　　 → 신을 **믿고** 받드는 일

信호 　　　 → 서로 **믿고** 약속하여
어떤 정보를 전달하는 데 쓰는 기호

통信 　　　 → 우편이나 전화 등으로 **정보**를 전달함

6 아래 글을 읽고, '信(믿을 신)'이 숨어 있는 단어를 찾아볼까요?
굵게 표시된 6개의 단어 중 '**믿다, 정보**'의 뜻이 있는 **4개의 단어에** 💬 하세요.

> 저녁에 보고 싶은 축구 경기를 중계하는데, 그 전까지 숙제를 다 끝낼 **자신감**이 들지 않았다. 고민 끝에 동생과 **암호**를 이용한 새로운 **통신** 수단을 생각해 냈다.
>
> 선수가 골을 넣으려고 할 때 동생이 세게 **박수**를 쳐서 **신호**를 주면, 내가 잠깐 가서 그 장면만 보는 것이다!
>
> 그런데 신호를 듣고 가면 자꾸만 동생이 세게 안 치고 약하게 쳤다며 장난을 쳐서 **신뢰**를 와장창 깨뜨리는 바람에, 정작 골을 넣는 장면은 모두 놓치고 말았다.

♥ **교육과정 성취기준 3~4학년군** / 4과08-02
소리의 세기와 높낮이를 비교할 수 있다.

오늘 배운 단어 이외에
'信(믿을 신)'이 숨어 있는
단어를 생각해 보세요.

1 다음 단어들이 **무슨 뜻인지** 생각해 보세요.

광선

광택

광합성

관광

2 모든 단어에
똑같이 들어 있는 글자에 ◌ 하세요.

3 모든 단어 속에
숨어 있는 공통 한자에 ◌ 하세요.

선

선

밝은 물체에서 뻗어 나오는 **빛**의 줄기

광택

光택

표면이 매끄러운 물체에서
반짝거리는 **빛**

광합성

光합성

식물이 **빛** 에너지를 이용하여
영양분을 만들어 내는 과정

관광

관光

어떤 곳의 **경치** 등을 찾아가서 구경함

공통 글자를 쓰세요.

공통 한자를 따라 쓰세요.

모양	뜻	소리
光	빛, 경치	광

사람[儿]이 횃불[ㅛ→火]을 들고 있는
모양을 합했어요.

부수 光 → 儿(어진사람 인)

4 한자의 이름을
따라 쓰세요.

빛 광

빛 광

5 단어에 '光(광)'이 숨어 있으면, 그 단어에는 '빛, 경치'의 뜻이 들어 있어요.
다음 단어들을 **한글로** 쓴 다음, 옆의 뜻풀이를 읽고 **'光(광)'의 뜻**에 ○ 하세요.

光선		→ 밝은 물체에서 뻗어 나오는 **빛**의 줄기
光택		→ 표면이 매끄러운 물체에서 반짝거리는 **빛**
光합성		→ 식물이 **빛** 에너지를 이용하여 영양분을 만들어 내는 과정
관光		→ 어떤 곳의 **경치** 등을 찾아가서 구경함

6 아래 글을 읽고, '光(빛 광)'이 숨어 있는 단어를 찾아볼까요?
굵게 표시된 6개의 단어 중 '빛, 경치'의 뜻이 있는 4개의 단어에 ◯ 하세요.

집 앞에 모두가 찾는 **관광** 명소인 대공원이 있는데,

교통이 좋아지고 난 뒤 사람들이 더욱 바글바글하다.

사람들이 몰리니 공원의 **행사**도 많아졌는데, 그중 가장

인기 있는 것은 주말 저녁의 '레이저 쇼'이다.

번쩍번쩍 **광택**이 나는 거대한 철문을 지나 공원에

들어가면, 수십 개의 **광선**이 음악에 맞춰서 춤을 춘다.

행사가 끝나면 모두들 기념품 상점으로 우르르 몰려가

대공원 **야광** 스티커를 구매하려고 줄을 선다.

♥ **교육과정 성취기준 3~4학년군** / 4사03-02

고장 사람들의 생활과 밀접하게 관련이 있는 지역의 다양한 중심지(행정, 교통, 상업, 산업, 관광 등)를 조사하고,
각 중심지의 위치, 기능, 경관의 특성을 탐색한다.

오늘 배운 단어 이외에
'光(빛 광)'이 숨어 있는
단어를 생각해 보세요.

탈衣실 [　　　] → (옷)을 벗거나 갈아입는 방

상衣 [　　　] → 위에 입는 (옷)

편食 [　　　] → 어떤 특정한 (음식)만을 가려서 즐겨 먹음

食당 [　　　] → (음식)을 만들어 손님들에게 파는 가게

의식住 [　　　] → 옷과 음식과 (집)
[인간 생활의 세 가지 기본 요소]

住소 [　　　] → 사람이 (살고 있는) 곳

休게실 [　　　] → 잠시 머물러 (쉴) 수 있도록 마련해 놓은 방

休교 [　　　] → 학교가 학생을 가르치는 일을 한동안 (쉼)

혹시 기억이 나지 않는다면,
앞에서 배운 부분을
다시 한번 찾아보세요.

衣	78~81쪽	代	94~97쪽
食	82~85쪽	作	98~101쪽
住	86~89쪽	信	102~105쪽
休	90~93쪽	光	106~109쪽

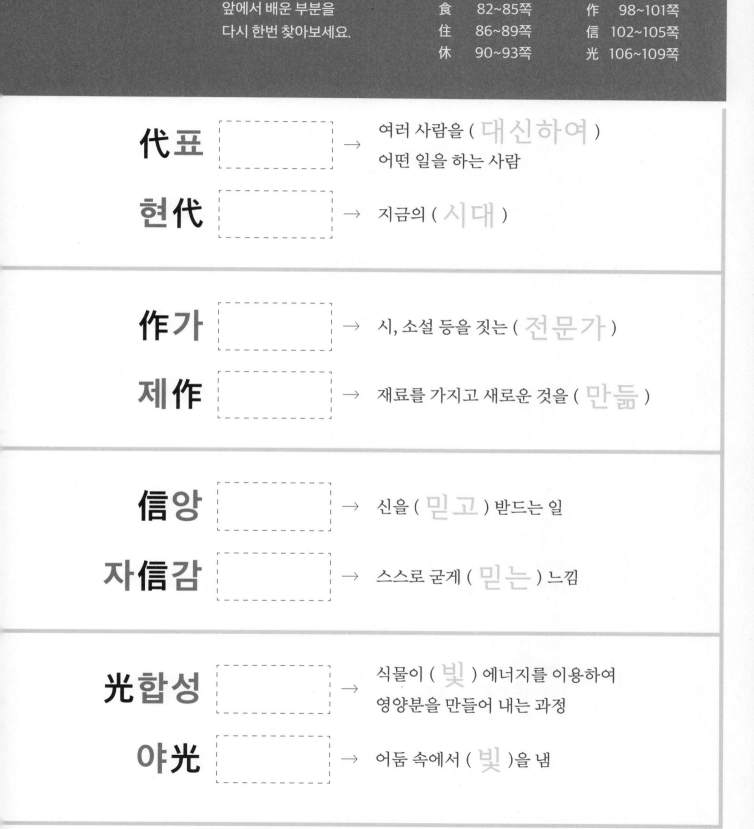

代표 [　　　] → 여러 사람을 (대신하여)
어떤 일을 하는 사람

현代 [　　　] → 지금의 (시대)

作가 [　　　] → 시, 소설 등을 짓는 (전문가)

제作 [　　　] → 재료를 가지고 새로운 것을 (만듦)

信앙 [　　　] → 신을 (믿고) 받드는 일

자信감 [　　　] → 스스로 굳게 (믿는) 느낌

光합성 [　　　] → 식물이 (빛) 에너지를 이용하여
영양분을 만들어 내는 과정

야光 [　　　] → 어둠 속에서 (빛)을 냄

4단원
일상생활

다음 글자를 보고,
떠오르는 단어를 자유롭게 말해 보세요.

매 15 16 17

실

현

용

세

1 다음 단어들이 **무슨 뜻인지** 생각해 보세요.

세상

세계

출세

후세

2 모든 단어에
똑같이 들어 있는 글자에 ◯ 하세요.

3 모든 단어 속에
숨어 있는 공통 한자에 ◯ 하세요.

상

㤅상

인간이 살고 있는 모든 사회

세계

世계

지구상의 모든 나라 혹은 온 **세상**

출세

출世

세상으로 나가
높은 지위에 오르거나 유명해짐

후세

후世

다음에 오는 **세대**의 사람들

공통 글자를 쓰세요.

공통 한자를 **따라** 쓰세요.

모양	뜻	소리
世	인간, 세상, 세대	세

10[十]이 3개로, 30이 된 모양을 합했어요.
아이가 성장하여 부모가 되는
한 세대는 보통 30년이에요.

(부수) 世 → 一 (한 일)

4 **한자의 이름을** 따라 쓰세요.

인간 세

인간 세

5 단어에 '世(세)'가 숨어 있으면, 그 단어에는 '인간, 세상, 세대'의 뜻이 들어 있어요.
다음 단어들을 **한글로** 쓴 다음, 옆의 뜻풀이를 읽고 **'世(세)'의 뜻**에 ◯ 하세요.

世上		→ (인간)이 살고 있는 모든 사회
世계		→ 지구상의 모든 나라 혹은 온 **세상**
出世		→ **세상**으로 나가 높은 지위에 오르거나 유명해짐
후世		→ 다음에 오는 **세대**의 사람들

6 아래 글을 읽고, '世(인간 세)'가 숨어 있는 단어를 찾아볼까요?
굵게 표시된 6개의 단어 중 '**인간, 세상, 세대**'의 뜻이 있는 **4개의 단어**에 ◯ 하세요.

> 뉴스에서 한국의 출산율이 **세계** 198개국 중에 가장 낮다는 내용을 보도했다. 나는 **세상**에서 제일 귀여운 동생이 있지만, 정말 내 친구들은 거의 다 외동이다.
>
> 우리 할머니께서 말씀하시길, 요즘 **신세대**들과 다르게 할머니 때만 해도 형제가 넷은 **기본**이어서, 맏이는 동생들의 **출세**를 위해서 뒷바라지하거나 나이 차이가 많이 나는 막내의 **부모** 역할까지 했다고 한다.
>
> 문득 하나뿐인 내 동생이 더욱 소중하게 느껴졌다.
>
> ♥ **교육과정 성취기준 3~4학년군** / 4사02-05
> 옛날과 오늘날의 혼인 풍습과 가족 구성을 비교하고, 시대별 가족의 모습과 가족 구성원의 역할 변화를 탐색한다.

오늘 배운 단어 이외에
'世(인간 세)'가 숨어 있는
단어를 생각해 보세요.

사

1 다음 단어들이 **무슨 뜻인지** 생각해 보세요.

사물

사실

인**사**

농**사**

2 모든 단어에
똑같이 들어 있는 글자에 ◯ 하세요.

물

사실

인사

농사

공통 글자를 쓰세요.

3 모든 단어 속에
숨어 있는 공통 한자에 ◯ 하세요.

물

일과 물건

事실

실제로 있었던 **일**

인事

사람끼리 만나거나 헤어질 때 하는 **일**

농事

곡식이나 채소 등을
심고 기르고 거두는 **일**

공통 한자를 따라 쓰세요.

모양	뜻	소리
事	일	사

깃발[J]을 손으로 들고 일터로 나가는
모양이에요.

부수 事 → J(갈고리 궐)

4 **한자의 이름을** 따라 쓰세요.

일 사

일 사

5 단어에 '事(사)'가 숨어 있으면, 그 단어에는 '일'의 뜻이 들어 있어요.
다음 단어들을 **한글로** 쓴 다음, 옆의 뜻풀이를 읽고 **'事(사)'의 뜻에** ◯ 하세요.

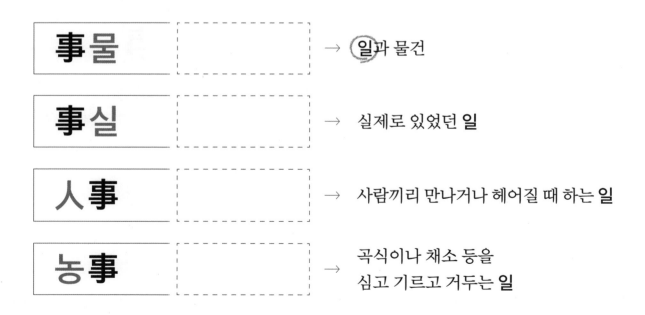

事物		→ ◯**일**과 물건
事實		→ 실제로 있었던 **일**
人事		→ 사람끼리 만나거나 헤어질 때 하는 **일**
농事		→ 곡식이나 채소 등을 심고 기르고 거두는 **일**

6 아래 글을 읽고, '事(일 사)'가 숨어 있는 단어를 찾아볼까요?
굵게 표시된 6개의 단어 중 '**일'의 뜻이 있는 4개의 단어에** ⬭ 하세요.

미술 숙제로 뭘 그려 오라고 했는데, 뭐였더라?

친구에게 전화해서 물어보니 "음, 아마 사과를 그리라고 했던 것 같아."라고 한다. 대답이 시원찮아 **사실** 같지가 않았다. 다른 친구에게 물었더니, "아! 그거 그리고 싶은 **사물** 중에 아무거나 그려도 돼."라고 확실하게 말한다. 고맙다고 **인사**를 하고 끊었다.

잘 그리면 우리 학교의 가장 큰 **행사**인 가을 축제 때 강당에 **전시**를 한다고 하니, 열심히 그려야지!

♥ **교육과정 성취기준 3~4학년군** / 4국02-04
글을 읽고 사실과 의견을 구별한다.

오늘 배운 단어 이외에 '事(일 사)'가 숨어 있는 단어를 생각해 보세요.

① 다음 단어들이 **무슨 뜻인지** 생각해 보세요.

주사

주유소

주문

주목

2 모든 단어에
똑같이 들어 있는 글자에 ◯ 하세요.

3 모든 단어 속에
숨어 있는 공통 한자에 ◯ 하세요.

사

注사

주사기를 통해 몸에 약물을 직접 **넣는** 일

주유소

注유소

자동차 따위에 기름을 **넣는** 곳

주문

注문

어떤 상품을 만들거나 보내 달라고
요구를 **넣는** 일

주목

注목

관심을 **두고** 주의 깊게 살핌

공통 글자를 쓰세요.

공통 한자를 따라 쓰세요.

모양	뜻	소리

注 │ (물을)붓다, 넣다, (뜻을)두다 │ 주

'氵'의 뜻[물을 붓다]과
'主'의 소리[주]를 가졌어요.

(부수) 注 → 氵 → 水 (물 수)

4 한자의 이름을 따라 쓰세요.

부을 주

부을 주

---

5 단어에 '注(주)'가 숨어 있으면, 그 단어에는 '넣다, 두다'의 뜻이 들어 있어요.
다음 단어들을 **한글로** 쓴 다음, 옆의 뜻풀이를 읽고 **'注(주)'의 뜻에** ○ 하세요.

注사		→ 주사기를 통해 몸에 약물을 직접 (넣는) 일
注유소		→ 자동차 따위에 기름을 **넣는** 곳
注文		→ 어떤 상품을 만들거나 보내 달라고 요구를 **넣는** 일
注目		→ 관심을 **두고** 주의 깊게 살핌

6 아래 글을 읽고, '注(부을 주)'가 숨어 있는 단어를 찾아볼까요?
굵게 표시된 6개의 단어 중 '넣다, 두다'의 뜻이 있는 **4개의 단어**에 ♡ 하세요.

시장에 가서 두부 좀 사다 달라는 어머니의 심부름에 "**주문** 접수!"를 외치고 집을 나섰다.

자전거를 타고 쌩쌩 달리는데 **주유소**로 갑자기 들어서는 차를 피하려다 바닥으로 꽝 넘어졌다. 한순간에 **주목**의 대상이 된 나를 사람들이 **부축**해 주었는데, 바로 앞에 큰 돌덩이가 있어 하마터면 큰일 날 뻔했다.

자전거를 탈 때에는 헬멧도 꼭 쓰고 주변도 살피며 **주의**해야 했는데, 앞으로는 더 **조심**해야겠다.

♥ **교육과정 성취기준 3~4학년군** / 4체05-06
신체활동 시 행동에 주의를 기울이며 안전하게 활동한다.

오늘 배운 단어 이외에
'注(부을 주)'가 숨어 있는
단어를 생각해 보세요.

4. 잃을 실

① 다음 단어들이 **무슨 뜻인지** 생각해 보세요.

실직자

실망

실수

실패

2 모든 단어에
똑같이 들어 있는 글자에 ⬭ 하세요.

3 모든 단어 속에
숨어 있는 공통 한자에 ⬭ 하세요.

 직자

失직자

직업을 **잃은** 사람

실망

失망

희망을 **잃어** 마음이 몹시 상함

실수

失수

조심하지 않아서 **잘못함**

실패

失패

일을 **잘못하여** 뜻한 대로 되지 않음

공통 글자를 쓰세요.

공통 한자를 따라 쓰세요.

모양	뜻	소리
失	**잃다, 잘못하다**	**실**

손에서 무언가를 놓치는 모양이에요.

부수 **失** → **大** (큰 대)

4 **한자의 이름을** 따라 쓰세요.

잃을 실

잃을 실

5 단어에 '**失(실)**'이 숨어 있으면, 그 단어에는 '잃다, 잘못하다'의 뜻이 들어 있어요.
다음 단어들을 **한글로** 쓴 다음, 옆의 뜻풀이를 읽고 '**失(실)**'의 뜻에 ◯ 하세요.

失직자		→ 직업을 (잃은) 사람
失망		→ 희망을 **잃어** 마음이 몹시 상함
失手		→ 조심하지 않아서 **잘못함**
失패		→ 일을 **잘못하여** 뜻한 대로 되지 않음

6 아래 글을 읽고, '失(잃을 실)'이 숨어 있는 단어를 찾아볼까요?
굵게 표시된 6개의 단어 중 '잃다, 잘못하다'의 뜻이 있는 **4개의 단어**에 ⬭ 하세요.

놀이터에서 실컷 뛰놀고 귀가하려는데, 가방에 꽂아 놓았던 필통이 안 보였다. **실수**로 떨어뜨렸나 싶어서 다시 돌아가 살펴보았지만 **실망**스럽게도 못 찾았다.

친구들은 또 사면 되지 않느냐고 했지만, 나는 멀쩡한 필통을 잃어버리고 새 **물건**을 산다는 게 아까웠다.

아버지와 함께 한 번 더 찾으러 가 봤지만 **실패**하여, 마지막으로 **희망**을 품고 아파트 **분실물** 센터에 들러 보았더니 내 소중한 필통이 거기에 있었다! 야호!

♥ **교육과정 성취기준 3~4학년군** / 4도01-02
시간과 물건의 소중함을 알고 자신이 시간과 물건을 아껴 쓰고 있는지 반성해 보며 그 모범 사례를 따라 습관화한다.

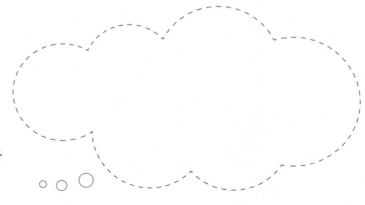

오늘 배운 단어 이외에
'失(잃을 실)'이 숨어 있는
단어를 생각해 보세요.

① 다음 단어들이 **무슨 뜻인지** 생각해 보세요.

매일

매년

매번

매사

2 모든 단어에
똑같이 들어 있는 글자에 ◌ 하세요.

매년

매번

매사

공통 글자를 쓰세요.

3 모든 단어 속에
숨어 있는 공통 한자에 ◌ 하세요.

하루하루**마다**

每년

해**마다**

每번

각각의 차례**마다**

每사

하나하나의 일**마다**

공통 한자를 따라 쓰세요.

모양	뜻	소리
每	매양,* 마다	매

* 항상 그 모양으로

모든 사람[人]은 매양
어머니[母]의 젖을 먹는 모양을 합했어요.

부수 每 → 母 → 毋(말 무)

4 한자의 이름을 따라 쓰세요.

매양 매

매양 매

5 단어에 '每(매)'가 숨어 있으면, 그 단어에는 '마다'의 뜻이 들어 있어요.
다음 단어들을 **한글로** 쓴 다음, 옆의 뜻풀이를 읽고 '**每(매)**'의 뜻에 ○ 하세요.

每日		→ 하루하루**마다**
每年		→ 해**마다**
每번		→ 각각의 차례**마다**
每事		→ 하나하나의 일**마다**

6 아래 동시를 읽고, '毎(매양 매)'가 숨어 있는 단어를 찾아볼까요?
굵게 표시된 6개의 단어 중 '**마다**'의 뜻이 있는 **4개의 단어**에 ◯ 하세요.

나는 무엇일까요?

나는 **매일**, 언제나, 늘 밤에 볼 수 있어요.

매년, 매해, 해마다 돌아오는 정월 대보름에는

사람들이 나를 보며 소원을 빌기도 해요.

나는 **매월**, 다달이, 달마다 **일정**하게 모습을 바꾸기도

하지요. 호빵이나 손톱 같은 모습으로 바뀌어요.

나는 **매번**, 자주, 번번이 동화나 신화 같은

신비로운 이야기 속에 **등장**하기도 해요.

나는 바로 '달'이에요.

♥ **교육과정 성취기준 3~4학년군** / 4국04-02
낱말과 낱말의 의미 관계를 파악한다.

오늘 배운 단어 이외에
'**毎**(매양 매)'가 숨어 있는
단어를 생각해 보세요.

○ ○ ◯

1 다음 단어들이 **무슨 뜻인지** 생각해 보세요.

사용

활용

이용

식용

2 모든 단어에
똑같이 들어 있는 글자에 ◯ 하세요.

사

활용

이용

식용

공통 글자를 쓰세요.

3 모든 단어 속에
숨어 있는 공통 한자에 ◯ 하세요.

사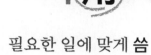

필요한 일에 맞게 **씀**

활用

어떤 것의 쓰임이나 능력을
충분히 잘 **씀**

이用

대상을 필요에 따라 유리하게 **씀**

식用

먹을 것으로 **씀**

공통 한자를 따라 쓰세요.

(모양) (뜻) (소리)

用   쓰다   용

여러모로 쓰이는 나무통의 모양이에요.

(부수) 用 → 用(쓸 용)

4 **한자의 이름을** 따라 쓰세요.

쓸 용

쓸 용

---

5 단어에 '用(용)'이 숨어 있으면, 그 단어에는 '쓰다'의 뜻이 들어 있어요.
다음 단어들을 **한글로** 쓴 다음, 옆의 뜻풀이를 읽고 **'用(용)'의 뜻에** ◯ 하세요.

사用		→	필요한 일에 맞게 **씀**
활用		→	어떤 것의 쓰임이나 능력을 충분히 잘 **씀**
이用		→	대상을 필요에 따라 유리하게 **씀**
食用		→	먹을 것으로 **씀**

6 아래 글을 읽고, '用(쓸 용)'이 숨어 있는 단어를 찾아볼까요?
굵게 표시된 6개의 단어 중 '**쓰다**'의 뜻이 있는 **4개의 단어**에 ◌ 하세요.

어머니께서는 장 보러 시장에 갈 때 항상 장바구니를 **사용**하시고, 카페에 갈 때도 꼭 텀블러를 가져가신다.

한번은 그냥 비닐봉지나 종이컵을 쓰자고 했는데, 어머니께선 우리가 **자연**을 **이용**하며 많은 것들을 누리고 사는 만큼 우리도 자연을 아껴야 한다고 하셨다.

일회용품을 자꾸 쓰면 그 쓰레기가 늘어날 뿐만 아니라 그걸 만들기 위해 자연이 파괴되니, 우리는 최대한 **대체**할 수 있는 물건을 **활용**해 환경을 보호해야 한다.

♥ **교육과정 성취기준 3~4학년군** / 4도04-01
생명의 소중함을 이해하고 인간 생명과 환경 문제에 관심을 가지며 인간 생명과 자연을 보호하려는 태도를 가진다.

오늘 배운 단어 이외에
'用(쓸 용)'이 숨어 있는
단어를 생각해 보세요.

1 다음 단어들이 **무슨 뜻인지** 생각해 보세요.

출**현**

실**현**

표**현**

현장

2 모든 단어에
똑같이 들어 있는 글자에 ◯ 하세요.

출

실현

표현

현장

○ (점선 원)

공통 글자를 쓰세요.

3 모든 단어 속에
숨어 있는 공통 한자에 ◯ 하세요.

출

없던 것이 **나타남**

실現

꿈, 기대 등이 실제로 이루어져
눈앞에 **나타남**

표現

생각이나 느낌을
언어나 몸짓 등으로 드러내어 **나타냄**

現장

어떤 것이 **지금** 있는 곳

공통 한자를 **따라** 쓰세요.

모양	뜻	소리
現	나타나다, 지금	현

빛 나는 옥[王]을 바라보는[見]
모양을 합했어요.

(부수) **現** → **王** → **玉** (구슬 옥)
구슬 옥은 원래 임금 왕[王]과 같은 모양이었어요.

④ **한자의 이름을**
따라 쓰세요.

나타날 현

나타날 현

⑤ 단어에 '現(현)'이 숨어 있으면, 그 단어에는 '나타나다, 지금'의 뜻이 들어 있어요.
다음 단어들을 **한글로** 쓴 다음, 옆의 뜻풀이를 읽고 **'現(현)'의 뜻에** ○ 하세요.

出現		→	없던 것이 나타남
실現		→	꿈, 기대 등이 실제로 이루어져 눈앞에 **나타남**
표現		→	생각이나 느낌을 언어나 몸짓 등으로 드러내어 **나타냄**
現장		→	어떤 것이 **지금** 있는 곳

6 아래 글을 읽고, '現(나타날 현)'이 숨어 있는 단어를 찾아볼까요?
굵게 표시된 6개의 단어 중 '**나타나다, 지금**'의 뜻이 있는 **4개의 단어**에 ◯ 하세요.

요즘 마법사가 나오는 소설책에 푹 빠졌다. 다현이가 날 보고 **현재** 읽고 있는 책이 무슨 **내용**이냐고 물어봤는데, 한마디로 **표현**하려니 말문이 막혔다.

"음, 누가 나와?" "우리 또래의 마법사가 나와."

"언제, 어디가 **배경**이야?" "1980년대의 마법 학교."

"그럼 그 마법사가 무엇을 어떻게 왜 해?"

"마법 세계에 악당이 **출현**하는데, 그로부터 학교를 지키기 위해 그 **현장**에서 친구들과 모험을 해."

이렇게 요약하니 작품을 간단하게 소개할 수 있었다!

♥ **교육과정 성취기준 3~4학년군** / 4국05-02
인물, 사건, 배경에 주목하며 작품을 이해한다.

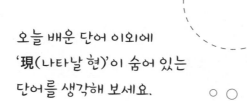

오늘 배운 단어 이외에
'現(나타날 현)'이 숨어 있는
단어를 생각해 보세요.

후世 [ ] → 다음에 오는 (세대)의 사람들

신世대 [ ] → 흔히 20대 이하의 젊고 새로운 (세대)

농事 [ ] → 곡식이나 채소 등을 심고 기르고 거두는 (일)

행事 [ ] → 절차에 따라 어떤 (일)을 실제로 행함

注사 [ ] → 주사기를 통해 몸에 약물을 직접 (넣는) 일

注의 [ ] → 마음에 새겨 (두고) 조심함

失직자 [ ] → 직업을 (잃은) 사람

분失물 [ ] → 자기도 모르는 사이에 (잃어버린) 물건

혹시 기억이 나지 않는다면,
앞에서 배운 부분을
다시 한번 찾아보세요.

世   114~117쪽   每   130~133쪽
事   118~121쪽   用   134~137쪽
注   122~125쪽   現   138~141쪽
失   126~129쪽

每사 [　　　] → 하나하나의 일(마다)

每월 [　　　] → 달(마다)

식用 [　　　] → 먹을 것으로 (씀)

일회用품 [　　　] → 한 번만 (쓰고) 버리도록 되어 있는 물건

활用 [　　　] → 어떤 것의 쓰임이나 능력을 충분히 잘 (씀)

출現 [　　　] → 없던 것이 (나타남)

실現 [　　　] → 꿈, 기대 등이 실제로 이루어져 눈앞에 (나타남)

現재 [　　　] → (지금) 존재하는 이 시간

한자 색인

음으로 찾기 (101字)

초등 국어

교과서 속 한자로 어휘력을 키우는
공부력 향상 프로그램

한자가 어휘력이다

정답 다운로드

정답 | 3
단계

교육 R&D에 앞서가는

Key 키출판사

초등 국어
한자가
어휘력
이 **3**단계 다
정 답

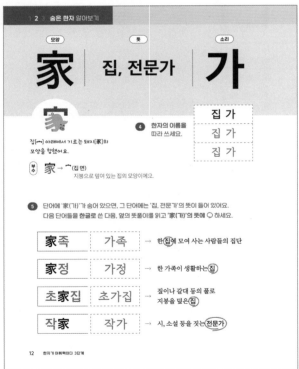

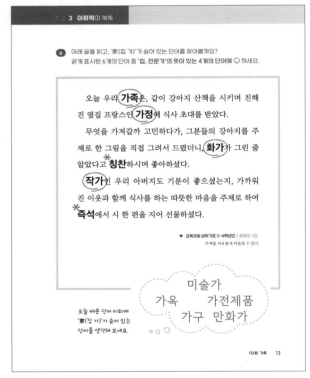

* **칭찬(稱讚):** 좋은 점이나 착하고 훌륭한 일을 높이 평가함. 또는 그런 말.

* **즉석(卽席):** 어떤 일이 진행되는 바로 그 자리.

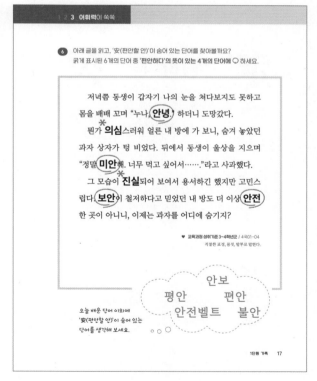

* **의심(疑心):** 확실히 알 수 없어서 믿지 못하는 마음.

* **진실(眞實):** 거짓이 없는 사실.

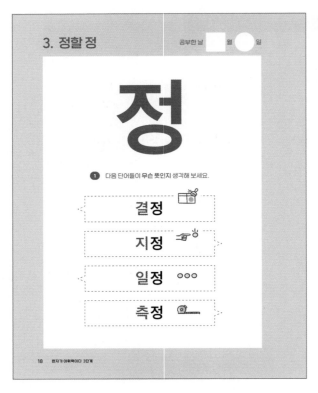

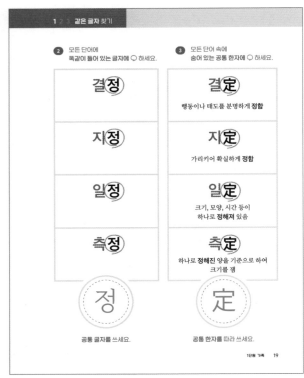

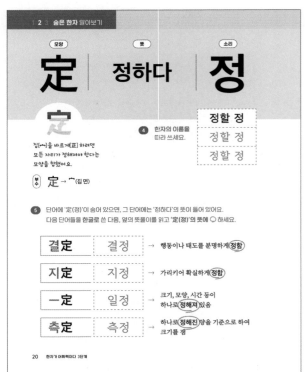

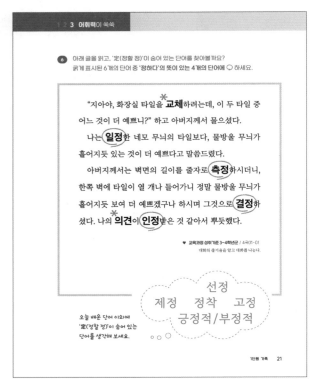

* **교체(交替)**: 사람이나 사물을 다른 사람이나 사물로 대신함.
* **의견(意見)**: 어떤 대상에 대하여 가지는 생각.

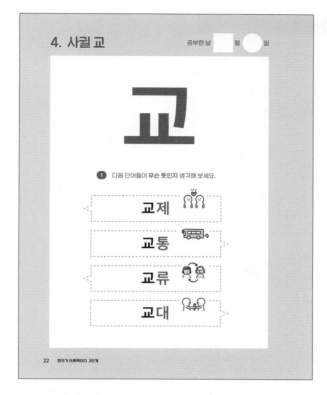

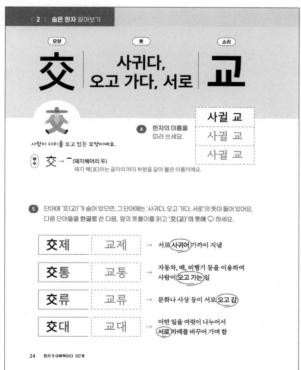

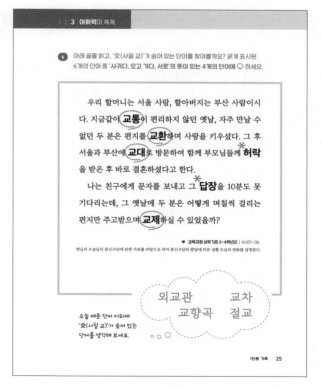

* **허락(許諾)**: 청하는 일을 하도록 들어줌.

* **답장(答狀)**: 회답하는 편지를 보냄. 또는 그 편지.

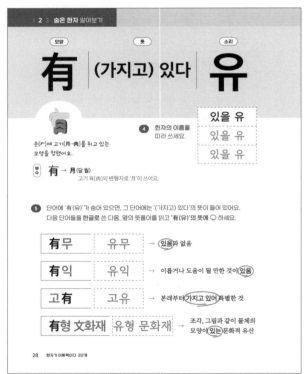

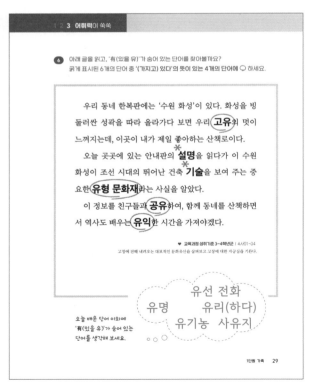

* **설명(說明):** 어떤 일이나 대상의 내용을 상대편이 잘 알 수 있도록 밝혀 말함. 또는 그런 말.

* **기술(技術):** 과학 이론을 실제로 적용하여 사물을 인간 생활에 유용하도록 가공하는 수단.

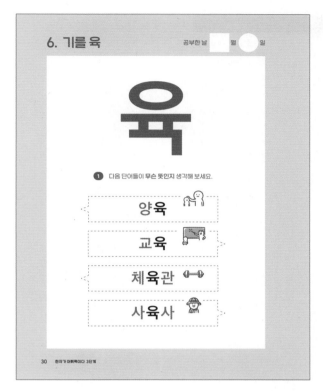

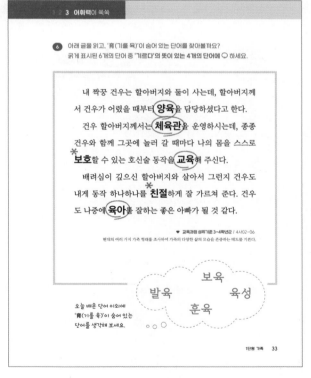

* **보호(保護)**: 위험이나 곤란 따위가 미치지 아니하도록 잘 보살펴 돌봄.
* **친절(親切)**: 대하는 태도가 매우 정겹고 고분고분함. 또는 그런 태도.

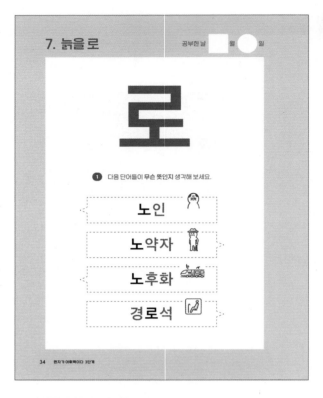

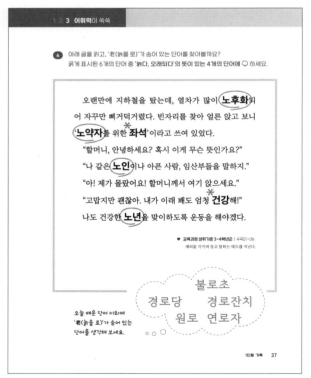

* **좌석(座席):** 앉을 수 있게 마련된 자리.

* **건강(健康):** 정신적으로나 육체적으로 아무 탈이 없고 튼튼함. 또는 그런 상태.

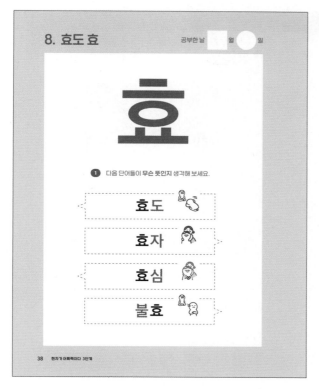

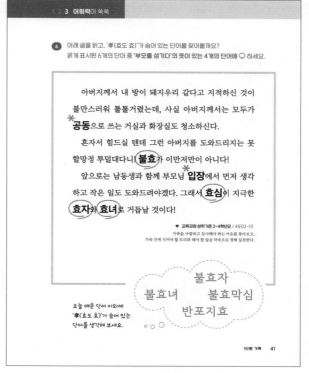

* **공동(共同):** 둘 이상의 사람이나 단체가 함께 일을 하거나, 같은 자격으로 관계를 가짐.

* **입장(立場):** 당면하고 있는 상황.

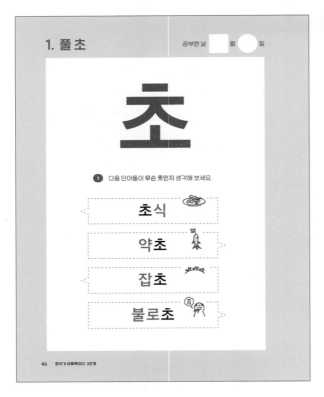

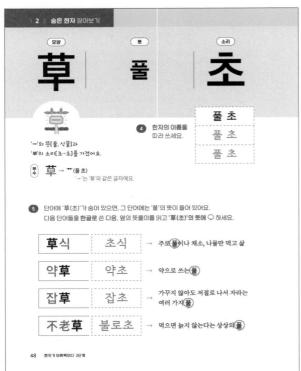

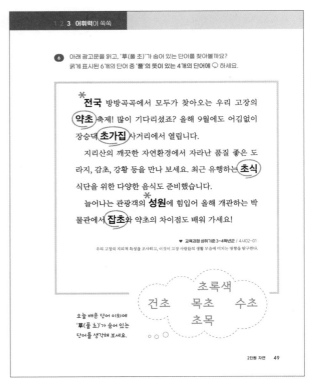

* **전국(全國)**: 온 나라.

* **성원(聲援)**: 하는 일이 잘되도록 격려하거나 도와줌.

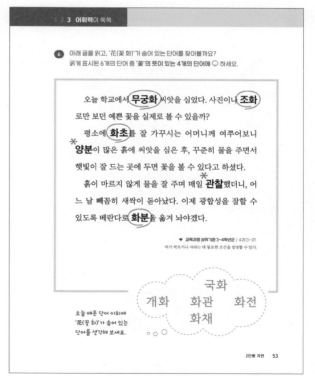

* **양분(養分)**: 영양이 되는 성분.

* **관찰(觀察)**: 사물이나 현상을 주의하여 자세히 살펴봄.

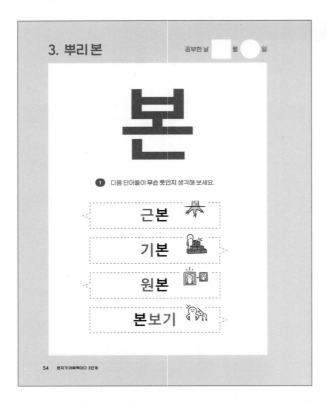

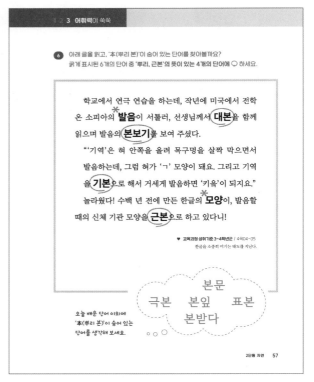

* **발음(發音):** 음성을 냄. 또는 그 음성.

* **모양(模樣):** 겉으로 나타나는 생김새나 모습.

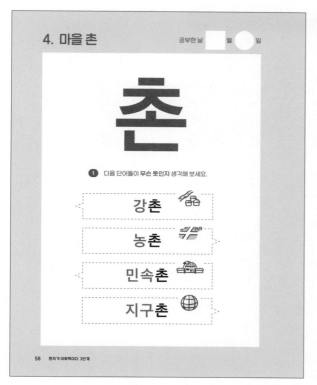

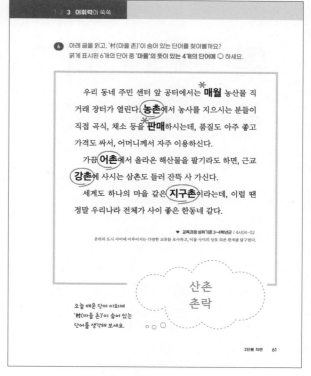

* **매월(每月):** 한 달 한 달, 달마다.

* **판매(販賣):** 상품 따위를 팖.

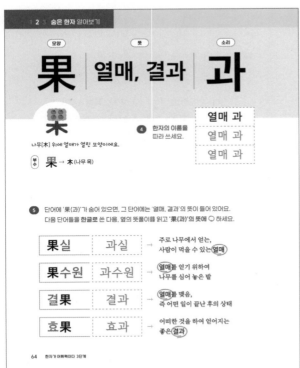

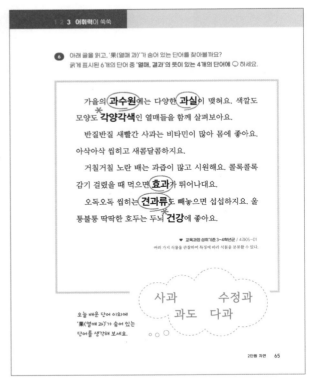

* **각양각색(各樣各色)**: 각기 다른 여러 가지 모양과 빛깔.

* **건강(健康)**: 정신적으로나 육체적으로 아무 탈이 없고 튼튼함. 또는 그런 상태.

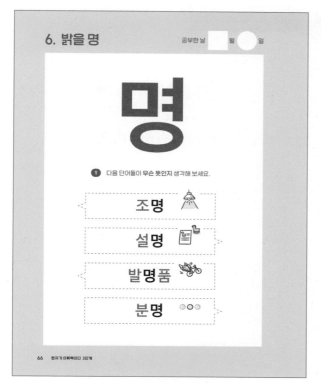

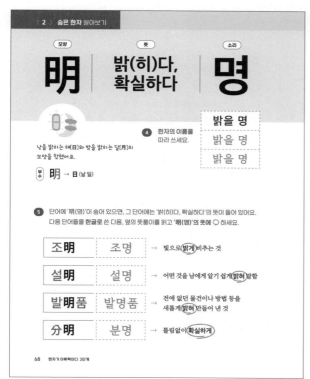

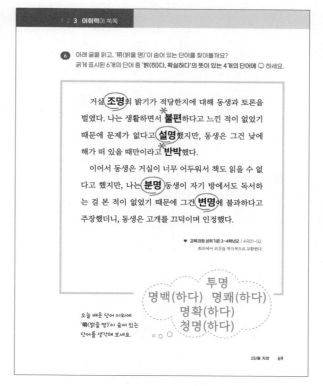

* **불편(不便)**: 어떤 것을 사용하거나 이용하는 것이 편하지 아니하고 괴로움.

* **반박(反駁)**: 어떤 의견, 주장, 논설 따위에 반대하여 말함.

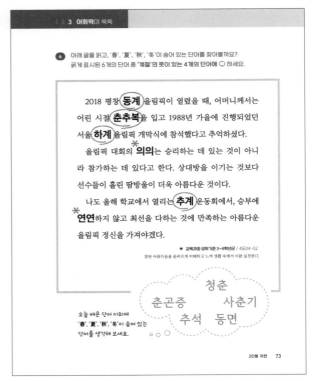

* **의의(意義):** 어떤 사실이나 행위 따위가 갖는 중요성이나 가치.

* **연연(戀戀)(하다):** 집착하여 미련을 가지다.

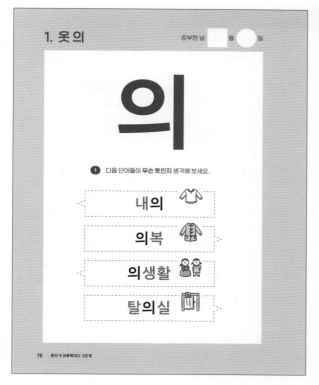

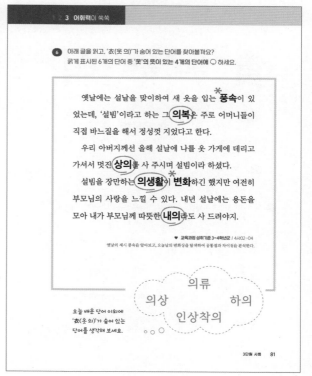

* **풍속(風俗):** 옛날부터 그 사회에 전해 오는 생활 전반에 걸친 습관 따위를 이르는 말.

* **변화(變化):** 사물의 성질, 모양, 상태 따위가 바뀌어 달라짐.

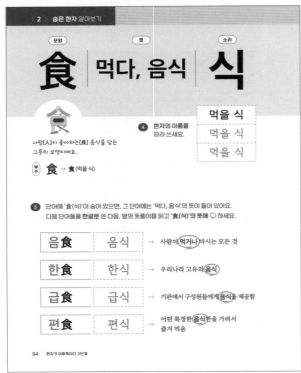

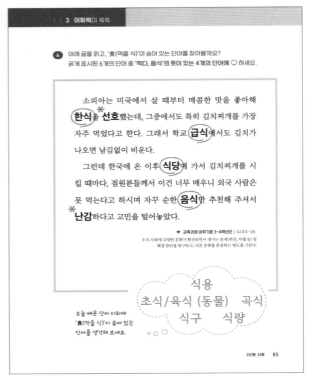

* **선호(選好)**: 여럿 가운데서 특별히 가려서 좋아함.

* **난감(難堪)(하다)**: 이렇게 하기도 저렇게 하기도 어려워 처지가 매우 딱하다.

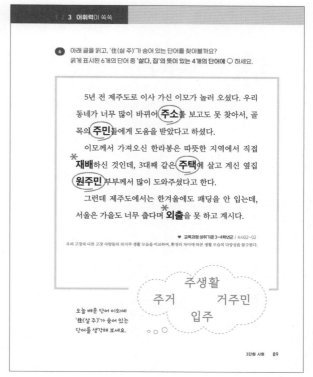

* **재배(栽培):** 식물을 심어 가꿈.

* **외출(外出):** 집이나 근무지 따위에서 벗어나 잠시 밖으로 나감.

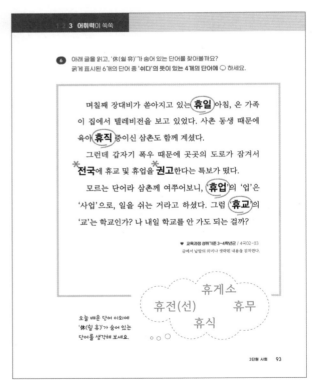

* **전국(全國)**: 온 나라.

* **권고(勸告)**: 어떤 일을 하도록 권함. 또는 그런 말.

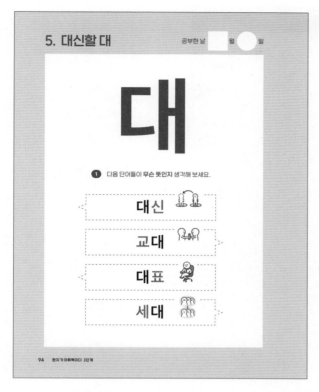

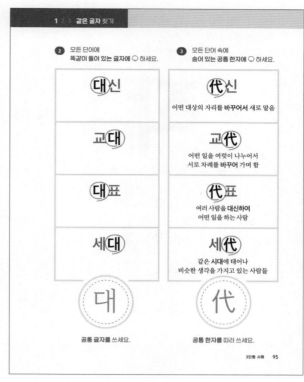

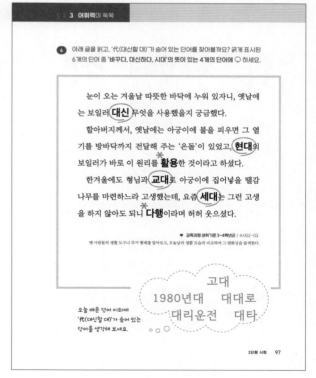

* **활용(活用)**: 충분히 잘 이용함.

* **다행(多幸)**: 뜻밖에 일이 잘되어 운이 좋음.

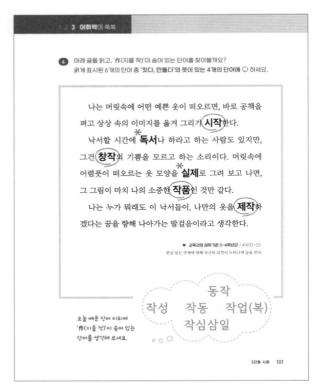

* **독서(讀書)**: 책을 읽음.

* **실제(實際)**: 사실의 경우나 형편.

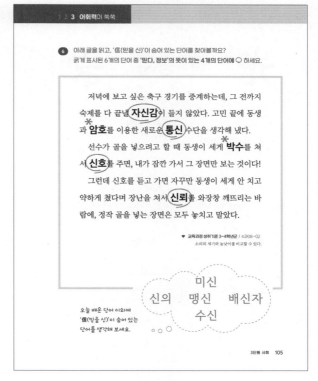

* **암호(暗號):** 비밀을 유지하기 위하여 당사자끼리만 알 수 있도록 꾸민 약속 기호.

* **박수(拍手):** 기쁨, 찬성, 환영을 나타내거나 장단을 맞추려고 두 손뼉을 마주침.

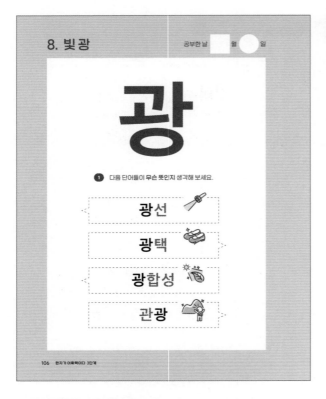

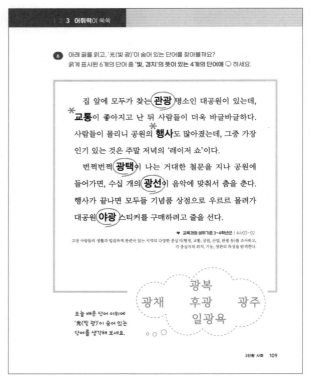

* **교통(交通):** 자동차·기차·배·비행기 따위를 이용하여 사람이 오고 가거나, 짐을 실어 나르는 일.

* **행사(行事):** 어떤 일을 시행함. 또는 그 일.

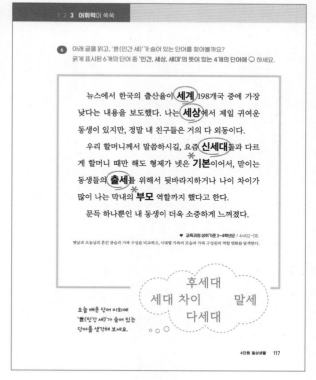

* **기본(基本):** 사물이나 현상, 이론, 시설 따위를 이루는 바탕.

* **부모(父母):** 아버지와 어머니를 아울러 이르는 말.

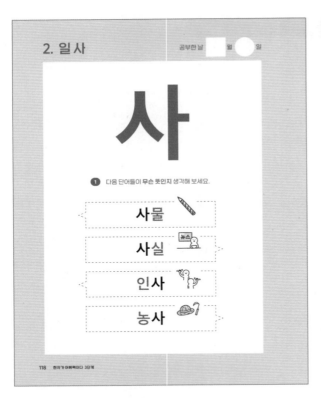

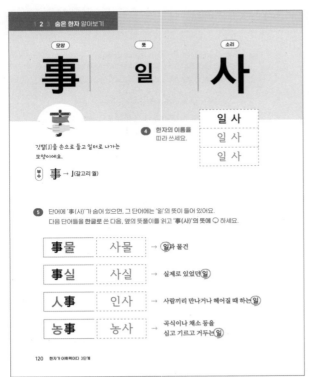

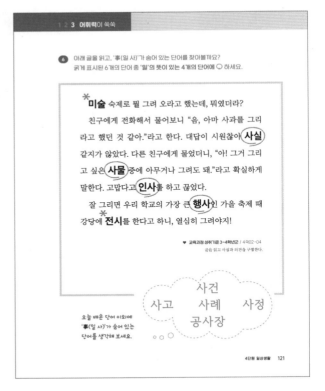

* **미술(美術)**: 그림이나 조각처럼 눈으로 볼 수 있는 아름다움을 표현한 예술.

* **전시(展示)**: 여러 가지 물품을 한곳에 벌여 놓고 보임.

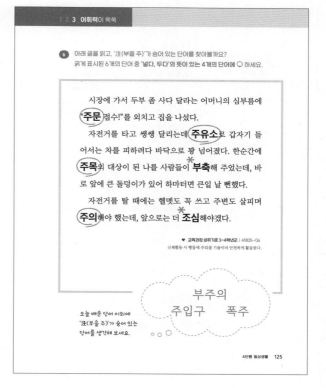

* **부축**: 겨드랑이를 붙잡아 걷는 것을 도움.

* **조심(操心)**: 잘못이나 실수가 없도록 말이나 행동에 마음을 씀.

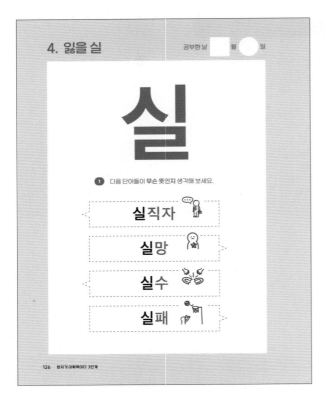

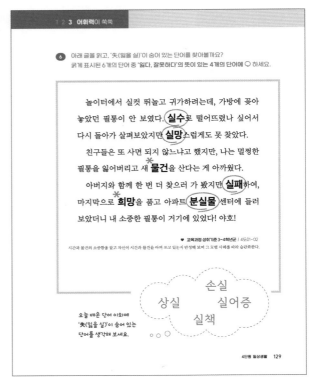

* **물건(物件)**: 일정한 형체를 갖춘 모든 물질적 대상.

* **희망(希望)**: 어떤 일을 이루거나 하기를 바람. 앞으로 잘될 수 있는 가능성.

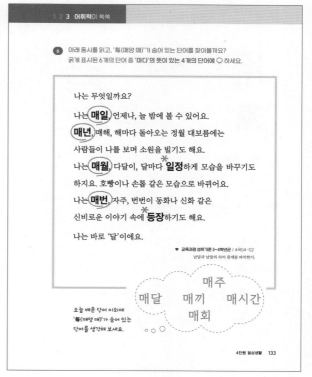

* **일정(一定):** 어떤 것의 크기, 모양, 범위, 시간 따위가 하나로 정하여져 있음.

* **등장(登場):** 연극, 영화, 소설 따위에 어떤 인물이 나타남.

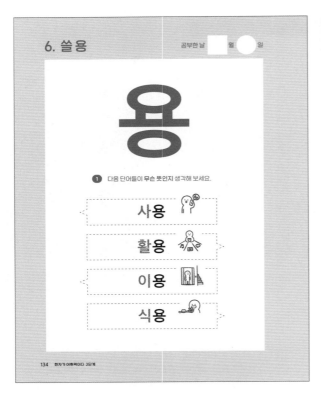

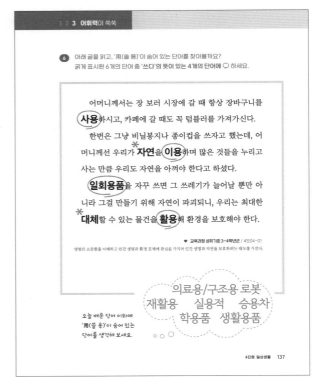

* **자연(自然):** 사람의 힘이 더해지지 아니하고 세상에 스스로 존재하는 모든 존재나 상태.

* **대체(代替):** 다른 것으로 대신함.

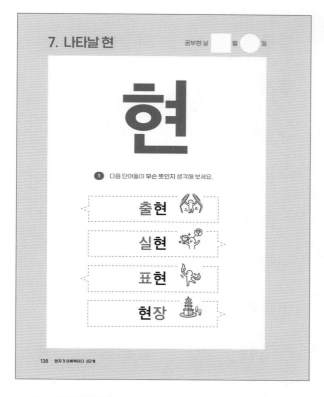

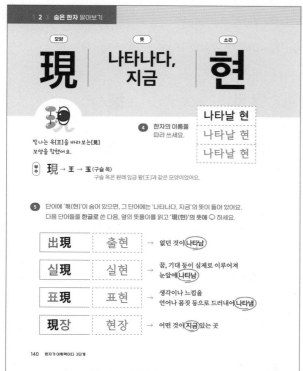

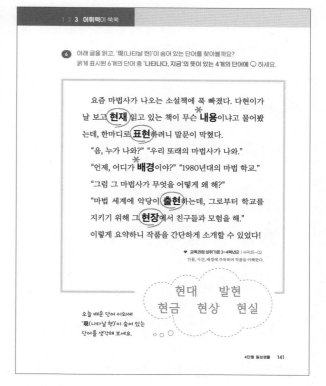

* **내용(內容)**: 그릇이나 포장 따위의 안에 든 것.
* **배경(背景)**: 사건이나 환경, 인물 따위를 둘러싼 주위의 정경.

초家집	초가집	有무	유무
화家	화가	공有	공유
安심	안심	사育사	사육사
미安	미안	育아	육아
지定	지정	경老석	경로석
인定	인정	老년	노년
交류	교류	孝도	효도
交환	교환	孝녀	효녀

불로草	불로초	지구村	지구촌
草가집	초가집	효果	효과
야생花	야생화	결果	결과
무궁花	무궁화	견果류	견과류
원本	원본	발明품	발명품
대本	대본	변明	변명
민속村	민속촌	春계	춘계
어村	어촌	春秋복	춘추복

탈衣실	탈의실	代표	대표
상衣	상의	현代	현대
편食	편식	作가	작가
食당	식당	제作	제작
의식住	의식주	信앙	신앙
住소	주소	자信감	자신감
休게실	휴게실	光합성	광합성
休교	휴교	야光	야광

후世	후세	每사	매사
신世대	신세대	每월	매월
농事	농사	식用	식용
행事	행사	일회用품	일회용품
注사	주사	활用	활용
注의	주의	출現	출현
失직자	실직자	실現	실현
분失물	분실물	現재	현재

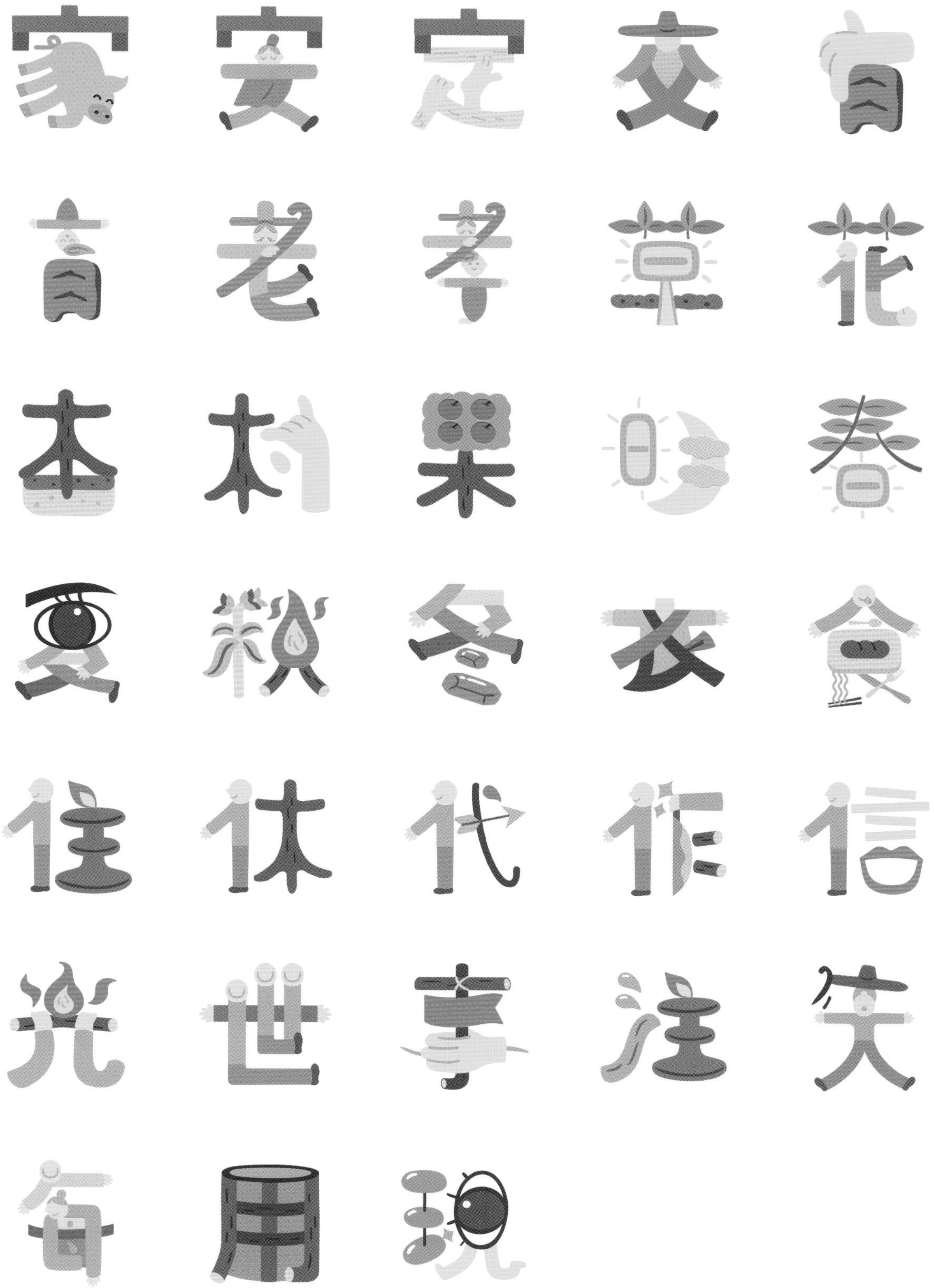

이 책에서 배운 한자를 연상해 보세요!

家 집 가	安 편안할 안	定 정할 정	交 사귈 교	有 있을 유
育 기를 육	老 늙을 로	孝 효도 효	草 풀 초	花 꽃 화
本 뿌리 본	村 마을 촌	果 열매 과	明 밝을 명	春 봄 춘
夏 여름 하	秋 가을 추	冬 겨울 동	衣 옷 의	食 먹을 식
住 살 주	休 쉴 휴	代 대신할 대	作 지을 작	信 믿을 신
光 빛 광	世 인간 세	事 일 사	注 부을 주	失 잃을 실
每 매양 매	用 쓸 용	現 나타날 현		